河东民间艺术家

HE DONG MIN JIAN YI SHU JIA

李淑君 主编

山西出版传媒集团
山西人民出版社

《河东民间艺术家》编委会

序言

山西省民间文艺家协会主席　李荣钢

运城古称『河东』，历史悠久，文化底蕴深厚，是华夏文明发源地之一，非物质文化遗产十分丰富，有『五千年文明看运城』之说。因此，为宣传运城五千年文明，弘扬河东优秀传统文化，展示运城民间文艺发展成果，推动运城民间文艺事业的繁荣和发展，运城市民间文艺家协会在运城市文联的领导与支持下，自二〇一六年三月起，开始组织编写《河东民间艺术家》一书。

《河东民间艺术家》是以运城获得国家级、省级、市级非物质文化遗产代表性传承人和有一定知名度与艺术成就的民间艺术家为代表，经过资料征集、资格审查与筛选、作品展示、专家评审等环节，从全市二百余位民间艺术家中选取六十位，艺术门类包括剪纸、根雕、观赏石、面塑、关帝风雨竹、澄泥砚、木版年画、茶艺、布艺、香包、漆器、农民画和琉璃艺术等二十二大类。几乎汇集了运城最著名的民间文艺大师、非物质文化遗产传承人以及最具权威的民间文艺家、民间工艺美术家、民俗专家等民间文化艺术领军人物。

本书是以文字和图说的形式，通过河东民间艺术的主要类别和形态、历史渊源、地域特征、文化传承、艺术价值、艺术成就以及入选民间艺术家代表性的艺术作品等，记载和传承运城古老的民俗、民风，独特的地域文化、民俗风情与生活画卷及其所蕴含的丰富的精神和文化内涵，以丰富多彩的河东『非遗』技艺、民间文艺产品和民间艺术品，展示运城作为『古中国』的传统文化地标和河东民俗文化的独特魅力。这对于宣传运城五千年文明，表达中华传统文化起源于河东民俗文化的深刻内涵，传承运城非物质文化遗产项目，促进当地文化旅游事业和产业发展，提高运城对外宣传的知名度和美誉度都具有十分重要的历史与现实意义。

总之，《河东民间艺术家》是在党的十九大精神指引下，以习近平新时代中国特色社会主义思想为指导，以挖掘运城传统文化宝藏、提升河东民间文化内涵为宗旨，梳理各县（市、区）传统文化已有的成果与资源，以『传承有序，创新有源』的文化发展思路，科学、合理地整合各类资源进行有序挖掘。旨在为运城民间文艺事业的繁荣和发展，推出一支思想素质高、业务水平强、热爱祖国、热爱人民、乐于奉献、德艺双馨的民间文艺人才队伍，展示一批具有运城精神、运城特色、运城风格的民间文艺精品佳作。为弘扬河东优秀传统文化，繁荣运城民间文艺，展现『古中国』的深厚文化底蕴和『大运城』发展新形象，整理、创作出无愧于伟大时代、为人民群众所喜闻乐见的优秀民间文艺作品，为庆祝中华人民共和国成立七十周年献礼。

民间艺术因为『民间』形成独特的地域特色，希望本书能在弘扬河东优秀传统文化、展示运城民间文艺发展成果等方面，成为人们欣赏与了解运城民间艺术代表门类和代表人物的代表作。

谨以此为序。

二〇一九年八月一日于太原

目录

目录

目录

运城市民间文艺家协会简介

运城市民间文艺家协会是由运城市民间文艺家和民间文艺工作者自愿组成的专业性和非盈利性的社会团体。在运城市文联的领导下，致力于组织、规划、实施运城民间文艺的各项活动，全方位地推动运城民间文艺事业的繁荣和发展。

运城市民间文艺家协会（简称运城民协），成立于一九八七年十二月五日。于二〇〇三年四月二十四日第二次换届，二〇〇九年八月七日第三次换届，二〇一四年十二月三十一日第四次换届。第一届主席张恩忠，第二届主席申大局，第三届主席赵波，第四届主席李淑君。

运城民协是运城民间文艺工作者的温馨之家，现有主席团成员十二人，理事六十人，会员三千余人。所属专业委员会二十五个，包括：剪纸、根雕、观赏石、关帝风雨竹、绛州澄泥砚、绛州木版年画、工艺美术、茶艺、布艺、古玩收藏、河东吟诵、河东民间文学以及河东节庆婚俗、运城香文化、河东民俗技艺、河东面塑、传统线描与编织、戏曲脸谱与服饰、河东老粗布、螺钿漆器、河东香包、云雕漆器、农民书画、玉石珠宝和陶瓷琉璃艺术等。几乎汇集了运城最著名的民间文艺大师、非物质文化遗产传承人以及民间艺术研究家、艺术家、工艺美术家、民俗专家、作家、出版家和教育家等民间文化艺术

运城市民间文艺家协会简介

领军人才。

运城古称『河东』，历史悠久，文化底蕴深厚，是华夏文明的发源地之一，有『五千年文明看运城』之说。近三十年来，运城民协在四届主席团的带领下，以最广泛地团结全市民间文艺家和民间文艺工作者为己任，致力于组织、策划、指导运城民间文学、民间艺术及民俗文化的考察、采集、保护与传承，挖掘培育、扶持和鼓励各类民间文化艺术人才，组织开展民间文化交流、学术交流、艺术展览和民间文艺展演等活动。与所属专业委员会成员一起在传承运城非物质文化遗产项目，弘扬河东优秀传统文化，推动运城文化、旅游业的融合发展等方面共同奋斗，为运城民间文艺事业的发展与繁荣，做出了积极的贡献。

主要业绩：第一届民协根据文化部、中国民间文艺家协会的指示精神，编辑出版了《河东民间故事集成》《河东民间歌谣集成》《河东民间谚语集成》（简称三套集成），对继承与弘扬运城民间文化遗产，发扬河东民间优良传统，建设社会主义精神文明等有着极其重要的现实意义和深远的历史意义。

第二届民协为展现运城民间文学的艺术硕果，扩大传统文化对外宣传力度，编辑出版了一套《河东民间文学精品》丛书，共十三卷，约一百六十万字。为扩大运城民协知名度，积极申报和组织专家到运城考察，相继认证了新绛为『中国民间鼓乐

之乡」、万荣县为「中国笑话之乡」、夏县为「介子推故里」、稷山为「中国民间高台之乡」等非物质文化遗产项目，并编辑出版了《介子推故里传说》《河东口歌》《申大局戏剧作品集》等书籍。

第三届民协换届之时正值举国上下庆祝中华人民共和国成立六十周年，市民协积极组织民间剪纸艺术家举办了大型剪纸艺术展览活动，共展出八百多件剪纸艺术作品，主要反映祖国六十年的巨变和河东民间民俗事象，以艺术表达的形式庆祝中华人民共和国成立六十周年。为推动运城旅游经济、旅游文化，进一步弘扬河东传统文化，编撰出版了《关公全传》《中国民间故事全书（运城卷）》《山西民间叙事诗》《河东民俗》《薰风雍和》《中华老字号福同惠》《虞舜传说故事》等书籍，「运城盐湖旅游」被中国民协评为「中国民间文化旅游示范区」。

第四届民协以挖掘传统文化宝藏、提升民间文化内涵为己任，为繁荣运城民间文艺，弘扬优秀传统文化，展示运城「关公故里·大运之城」独具魅力的关公文化和河东优秀传统文化，积极组织全市民间文艺家和民间文艺工作者开展各项文艺活动。在运城市第二十六届关公文化旅游节、星河旅游美食文化节活动中，组织市民协各专业委员会承办了「河东民俗文化展」；在运城市李家大院第一届年俗文化游园会活动中，组织剪纸艺术专业委员会承办「河东年俗剪纸艺术展」，在李家大院剪纸长廊

运城市民间文艺家协会简介

布置了一百余幅与河东传说、年俗、婚俗相关的河东民俗文化剪纸作品；从二〇一六年起，每年的元旦、春节期间，都在运城市关王庙举办以传承和弘扬河东优秀传统文化为主题的『河东民俗文化展』和河东民俗技艺表演等活动。为进一步团结和组织全市民间文艺家和民间文艺工作者开展各项文艺活动，发现、培养运城民间艺术人才，推动运城民间文艺事业的繁荣和发展，编辑出版『河东民间艺术家』系列丛书。

特别是从二〇一二年起，在中宣部、中央文明办部署开展的『讲文明·树新风』公益广告宣传主题活动和中国网络电视台开展的『图说我们的价值观』公益广告宣传活动中，运城剪纸先后被中央文明办和中宣部列为公益广告创作基地，八百余幅剪纸类公益广告作品在《人民日报》《光明日报》《参考消息》等中央级刊物和国家级主流媒体央视网、中国文明网和五十余家联盟网站以及《山西日报》《运城日报》等省、市报刊刊登、转载，如：《德耀中华》《千辛万苦系列之一度电和一粒粮》《中国老故事·运城好民风》等剪纸系列公益广告作品，在全国引起强烈反响。

多年来，运城市民间文艺家协会致力于组织、筹划、开展运城民间文艺各项活动，推出了一批具有运城精神、运城特色、运城风格的民间文艺精品佳作；建设了一支思想素质高、业务水平强，热爱祖国、热爱人民，乐于奉献、德艺双馨的民间文

艺队伍；在河东民俗文化的传承与保护方面做了大量工作。在新时代，更要不忘初心，无私奉献，守望传统，与时俱进，以挖掘传统文化宝藏，提升民间文化内涵为己任，整理、创作出无愧于伟大时代、为人民群众所喜闻乐见的优秀民间文艺作品。以丰富多彩的河东民间「非遗」技艺、民间文艺产品和民间艺术品，展示运城作为「古中国」的传统文化地标和河东民俗文化的独特魅力。使河东民俗文化在实现中华民族伟大复兴的「中国梦」时代大潮中放射出更加璀璨夺目的光芒，谱写运城民间文艺事业繁荣发展的新篇章。

剪纸艺术

剪纸又称刻纸，是以纸为加工对象、以剪刀（或刻刀）为工具进行创作的艺术，在视觉上给人以透空的感觉和艺术享受，是中国最古老的民间艺术之一。二〇〇六年五月二十日，剪纸艺术遗产经国务院批准列入第一批国家级非物质文化遗产名录。在二〇〇九年九月二十八日至十月二日举行的联合国教科文组织保护非物质文化遗产政府间委员会第四次会议上，中国申报的中国剪纸项目入选「人类非物质文化遗产代表作名录」。

剪纸作为中国最广为流传的民间艺术之一，历史悠久。最早有关剪纸的记载来源于一段「剪桐封弟」的故事。在《吕氏春秋·览部》卷十八《审应览·重言》中记载：「成王与唐叔虞燕居，援梧叶以为圭，而授唐叔虞曰：「余以此封汝。」叔虞喜，以告周公……于是遂封叔虞于晋。」周成王以梧桐叶剪成圭的形状，与后来的「剪纸」在表现手法上有类似的地方。南北朝时期《木兰辞》中就有「对镜帖花黄」的诗句。目前，我国发现的最早剪纸作品是一九五九年至一九六六年间在中国新疆丝绸故道附近的阿斯塔那古墓群中出土的五幅剪纸，据文献记载，其创作年代应该是南北朝时期。唐代，剪纸处于大发展时期，杜甫《彭衙行》诗中有「暖汤濯我足，剪纸招我魂」的句子，以剪纸招魂的风俗当时就已流传于民间。南宋时期，已经出现了以剪纸为职业的行业艺人。据宋人周密

的《武林旧事》中记载，此时杭州的『小经济』多达上百种，其中就专门有『剪镞花样』者。明清时期，民间剪纸手工艺术的运用范围更为广泛，凡民间灯彩上的花饰、扇面上的纹饰，以及刺绣的花样等，无一不是利用剪纸作为装饰再加工的。二十世纪四十年代，以现实生活为题材的剪纸开始出现。一九四四年，在陕甘宁边区还首次展出了西北地区的民间新剪纸作品，为中华人民共和国成立后剪纸艺术的发展拉开了序幕。现在，传统的民间剪纸已成为装点生活或配合其他民俗活动的民间艺术，散发着浓郁的生活气息。

运城剪纸最早可追溯到三国时期，可谓源远流长。据考证，关夫子风竹、雨竹就是完整的剪纸图案，比文献记载的从南北朝开始早二百多年。运城剪纸早期主要是在民间流传，有的是剪成窗花、挂钱贴在纸糊的窗户或门楣上，有的是为刺绣、印染枕顶等生活用品提供纸样，多以花鸟鱼虫、飞禽走兽等吉祥图案为主，用来美化生活，寄托人们对美好生活的憧憬与祈盼。

运城剪纸从三国关公的风雨竹到今天的公益广告，内容涉及民俗、戏曲、神话故事、现实生活、时事政治等，经过无数先辈的艺术锤炼，内容越来越丰富，形式越来越多元。如『戏曲之乡』新绛县以表现戏曲人物见长的『新绛戏曲剪纸』，二〇〇六年被评为山西省非物质文化遗产项目。其省级代表性传承人段吉庆的戏曲剪纸《教子》组画被收入《中国现代百人剪纸》一书，并受到著名版画家、剪纸家力群先生的好评。特别是苏兰花（一九〇六—一九九五）的戏曲故事剪纸，如：《空城计》《铡美案》等，以构图

简洁、饱满，于幽默中寓严肃、于自然中出深邃的艺术风格著称于世，在对戏曲故事情节、人物的刻画上，达到了凝练、概括、出神入化的艺术境界，作品每到一处都引起美术界的强烈反响。还有闻喜的于九九、支盛花，永济的展牡丹、王三女，河津的王良学、谢鲜妙等，她们的作品，主题突出，布局疏朗，简洁朴实，是运城老一辈民间剪纸艺术的代表。同时，霍子江、段吉庆、张英俊、张引贵等老一辈有识之士为运城剪纸艺术的抢救、传承、保护和发展做出了积极贡献，《新绛剪纸》《闻喜剪纸》等县剪纸专辑相继出版。时至今日，河东剪纸仍在有序传承，涌现出一批在全国有一定影响力的剪纸艺术家，如杨毅、李建肖、卫爱良、董九菊、席秀芳、董太岭、裴栋梁等。特别是河津剪纸艺术家高晓东和妻子闫芳的作品《中华双圣图》，分别通过吉尼斯世界纪录总部和世界纪录协会认证，成为世界上最大的剪纸。

从二〇一二年起，在中央文明办、中宣部部署开展的「讲文明·树新风」公益广告宣传主题活动和中国网络电视台开展的「图说我们的价值观」公益广告宣传活动中，运城剪纸先后被中央文明办和中宣部列为公益广告创作基地。由剪纸艺术家刘泽民、王珍珠、沈康、冯淑玉、李惠芳等人创作的《德耀中华》等八百余幅剪纸类公益广告作品在《人民日报》《光明日报》等中央级刊物和国家级主流媒体央视网、中国文明网和五十余家联盟网站以及《山西日报》《运城日报》等省、市报刊刊登、转载，在全国引起强烈反响。

◆『河东巧姐』手工艺精品展

◆李建肖精选作品展

◆李家大院文化长廊『河东年俗文化展』

杨毅

杨毅，字济中，号尚义轩主人，一九七五年生，山西省稷山县人。第十届中国民间文艺『山花奖』获得者，山西省民间工艺美术大师，山西省非物质文化遗产代表性传承人。现任中国民间文艺家协会剪纸艺术委员会副主席，中华文化促进会剪纸艺术委员会理事，山西国际交流中心黄河剪纸研究院常务副院长，运城市民间文艺家协会剪纸艺术专业委员会副主任，河津剪纸艺术学会副主席。

自幼跟随母亲学习剪纸艺术，多年来，他深入挖掘研究河东民俗剪纸和刺绣艺术，遍访河东大地剪纸老艺人，收藏各种民俗剪纸和刺绣艺术品千余件，创作了大量反映河东大地厚重文化和淳朴民风的民间民俗剪纸作品，其中《河东婚俗》《河东年俗》《富贵瑞祥图》《河东古信俗图》蝉联中国剪纸艺术节和国际剪纸艺术节金奖五连冠，特别是《河东婚俗》因其主题突出、手法新颖、寓意吉祥、剪技高超，荣获中国文联举办的第十届中国民间文艺『山花奖』，《黄河魂·太行情》荣获全国工艺美术百花杯金奖。《忠义仁勇颂圣君》成功入展上海世博会；二〇一〇年在山西省民俗博物馆成功举办个人剪纸艺术展，二〇一二年注册成立了河津市尚义轩剪纸艺术中心。

近年来，杨毅民俗剪纸艺术不断亮相于国际国内剪纸大赛，获得金、银、铜等九十多项大奖。作品先后被多家博物馆收藏，受到专家学者的高度评价，为河东剪纸赢得美誉。

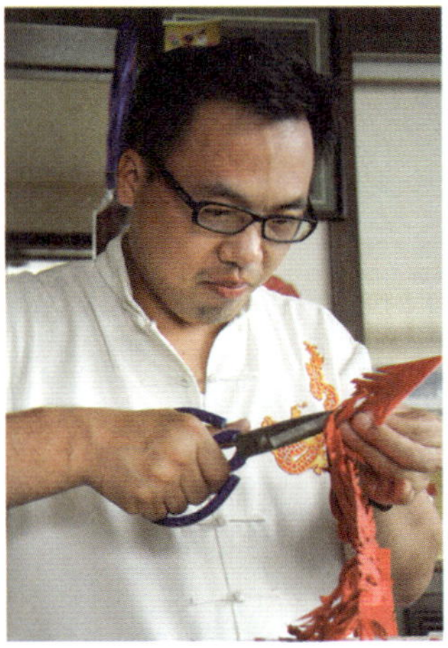

◆二〇一八年十二月，韩美林大师、段改芳老师观看杨毅剪纸作品

◆《二月二 咬蝎子尾巴》

◆《三月三 孔夫子放蝉》

◆《麟吐祥瑞》

高晓东

高晓东，一九六四年生，山西省河津市人。中国关公文化遗产保护基金会执行委员，中国民间文艺家协会剪纸艺术委员会会员，运城市工艺美术协会副会长，运城市民间文艺家协会剪纸艺术专业委员会副主任，河津市剪纸艺术协会主席，河津市金鼎文化产业发展有限公司总经理。运城市民间工艺美术大师，世界最大的中国传统剪纸吉尼斯世界纪录获得者，世界纪录协会世界最大的剪纸世界纪录获得者。

二〇〇九年九月，剪纸作品《关公》在『世界关帝圣像作品』评选中荣获铜奖。二〇一一年参加了CCTV-7《相约》栏目录制，其剪纸作品代表河津市委、市政府赠送给中央电视台，先后代表河津市委、市政府参加了深圳国际文化产业博览会、山西（国际）旅游文化产品博览会、天津文化创意展交会、青岛慈善公益活动。二〇一五年六月，吉尼斯世界纪录剪纸作品《中华双圣》在马来西亚举办了全球首展，其剪纸作品《中华武圣》《关帝圣君》被中国驻马来西亚大使馆和马来西亚关老爷协会分别收藏。二〇一六年一月《中华双圣》和新创作的《二十四孝》图文剪纸在泰国举办了二〇一六中国年剪纸专场展出，二月八日参加了泰国电视台的节目直播。二〇一六年九月通过剪纸这个艺术载体，成功地组织了中泰民间文化交流与晋、豫、鄂三省交流活动。

目前，高晓东与妻子闫芳共同创作的巨幅剪纸作品《中华双圣》分别通过吉尼斯世界纪录总部和世界纪录协会认证，成为世界上最大的剪纸。

◆《鱼跃龙门》 高晓东

◆吉尼斯世界最大剪纸缩小版《中华双圣》 高晓东 闫芳

刘泽民

刘泽民，字夏雨，一九五九年生，山西省夏县人，运城市经信委（国资委）干部。全国公益广告百人艺术委员会委员，央视网『图说我们的价值观』公益广告颁奖嘉宾，山西省民间剪纸艺术家协会副会长，运城市民间文艺家协会剪纸艺术专业委员会顾问。

二〇一三年做客央视网『公益广告艺术讲堂』，二〇一四年在全国『图说我们的价值观』创作动员会上作典型发言。一百余幅作品作为全国讲文明树新风、图说我们的价值观公益广告在《人民日报》《经济日报》《参考消息》等国家级报刊整版刊登，被上千家网站和各省、市报纸、杂志转载。《中国电视报》以『刘泽民：做剪纸界的扛鼎人』为题，在『视点·人物』栏目整版报道。《黄河晨报》以『刘泽民：用剪纸讲述河东故事』为题整版报道。作品《千辛万苦一度电》《千辛万苦一点油》被中央国家机关事务管理局印制成张贴画，分发到中央和国家机关张贴。作品《油条哥》被中国网络电视台和国家电网公司印制成五百万份招贴画，发放到全国各省、市、自治区和新疆建设兵团各厂矿、社区、学校、农村张贴，二〇一六年在中国剪纸博物馆『首届十大名家作品展』展出。二〇一八年，负责创作的《中国老故事·运城好民风》剪纸作品在《运城日报》以整版公益广告的形式刊登，并在运城市纪检监察委在市博物馆举办的『家风家训展览』中展出。

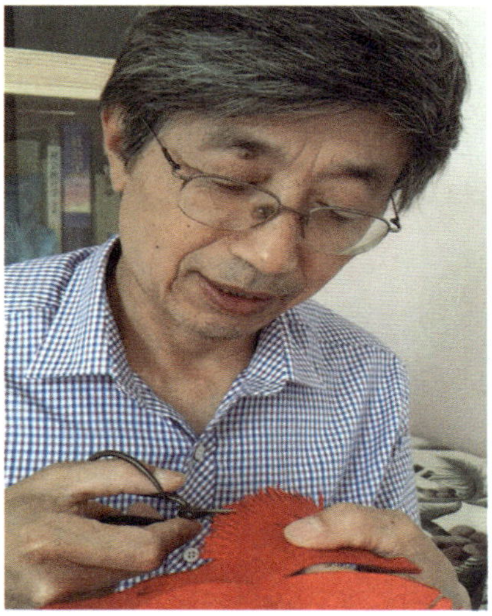

◆ 航天英雄杨利伟

◆《中国老故事 · 运城好民风》

李建肖

李建肖，一九五一年生，山西省运城市盐湖区人。自幼跟随杨文珍、霍子江学习剪纸，并把苏兰花、王三女大师的剪纸风格融入盐湖剪纸之中，形成粗犷、豪放、简洁、明快的独特风格，成为当代盐湖剪纸代表性传承人，被授予「民间艺术大师」「山西民间艺术杰出传承人」等荣誉称号，运城市民间文艺家协会剪纸艺术专业委员会顾问。

多年来，她努力继承和发扬晋南剪纸的优秀传统，创作了数千幅剪纸作品。其中，《中国年俗》《中国婚俗》《中国好孩子》《我爱阅读》等作品多次参加全国展赛，五次夺得大赛最高奖，在全国有很大影响。特别是作品《中国好孩子》受到中宣部有关部门的高度重视，在《人民日报》《光明日报》等国家级报刊和许多地方报刊上整版刊出。为把盐湖剪纸推向海外，在北京奥运会期间，有二十多位外国友人跟她学习剪纸艺术。其剪纸作品以表现古代农耕文化、民俗故事为特色，具有精美的艺术风格、极高的艺术价值和收藏价值，作为非物质文化遗产被海内外机构大量收藏。

主要获奖情况：二〇〇三年在运城市妇女剪纸大赛中荣获特等奖；二〇〇五年在「张小泉杯」民间剪纸艺术金剪子大赛中，荣获作品展评和现场竞艺综合评比特等奖，并被授予「河东第一剪」称号；二〇〇六年被山西省民协授予「民间文化遗产杰出传承人」荣誉称号；二〇一二年作品《二十四孝》入选文化部在突尼斯举办的中国文化周「走进突尼斯——中国现代剪纸精品展」；二〇一四年作品《我爱阅读》在中国民协、陕西省文联、陕西省民协举办的「中国梦·情之乡土」剪纸艺术大赛中荣获金奖；二〇一五年作品《丝绸之路》入选「首届中国丝绸之路民间剪纸艺术精品展」。

◆李建肖剪纸教学进校园

◆《劳动最光荣》

◆《丝绸之路·茶》

王珍珠

王珍珠（一九四九—二〇一七），山西省运城市盐湖区人。曾任中华文化促进会会员、山西国际文化交流中心黄河剪纸研究院副院长、山西省民间艺术家协会会员、山西运城盐湖区剪纸协会副会长。

擅长原生态剪纸和现代人物、花卉剪纸，还兼通面塑、刺绣艺术。其剪纸作品既有深厚的传统意蕴，又有浓郁的现代气息，深受专家好评。她的作品多次在国际、国内大展中获奖。她和女儿吕晶的剪纸作品德耀中华系列：二十四仁、二十四诚、二十四孝、全国模范党员、全国第四届道德模范人物、千辛万苦《一粒粮》《一张纸》等系列在《人民日报》等国家主流媒体分多个专版予以刊发；作品《二十四孝》和《舜帝传奇》被选为第一届、第二届中国运城舜帝德孝文化节礼品，曾连续三年为运城市邮政局创作工艺礼品。二〇一一年中央电视台书画频道曾对王珍珠和吕晶的剪纸艺术进行了专题报道；二〇一三年十月二十四日，中央电视台《艺术人生》栏目又对她们进行了专访。

其女吕晶，现任运城市民间文艺家协会剪纸艺术专业委员会副主任。母女俩均为全国『讲文明·树新风』公益广告艺术委员会首批委员。

◆王珍珠和女儿吕晶一起创作《全国道德模范剪纸人物》作品

◆“讲文明·树新风”公益广告——《当代中国二十四仁》 王珍珠 吕晶

卫爱良

卫爱良，一九四七年生，山西省夏县苏庄村人，晋书法家卫夫人的后裔。自幼跟奶奶学习剪纸、刺绣、面塑等。多年从事民间群众文化活动，被当地群众称为『巧巧手』。运城市民间文艺家协会剪纸艺术专业委员会顾问。

多年来，她主要从事剪纸创作活动，以晋南民俗风情为题材，创作了一系列作品。一九九四年参加山西省举办的『民间一绝』展获金奖，同年参加文化部举办的全国『民间一绝』大展获铜奖。二〇〇五年小泉剪刀百人大赛获『金剪刀』奖，二〇〇六年四月参加『北京民间高层论坛展』获银奖。二〇〇七年在北京举办非物质文化遗产获金奖，在『第三届国际剪纸艺术展』中《医保到山村》获金奖，全国首届剪纸节《四代人回娘家》获金奖。二〇〇八年第三届中国北京剪纸艺术博览会『风之魂』大赛获金奖，全国纪念改革开放三十周年，剪纸《众志成城，重建家园》获银奖。二〇一一年全国百名民间剪纸艺术展《红色记忆》获铜奖。二〇一二年牡丹杯『吉祥中国』艺术大展获金奖。二〇一五年『中国梦·廉洁颂』全国夕阳红展获特等奖。

二〇〇六年加入中国民间艺术家协会剪纸艺术委员会。二〇〇七年成为山西省民间剪纸艺术家协会会员，同年成为中华民族文化促进会剪纸艺术委员会会员。二〇〇九年担任山西省文化交流中心黄河剪纸研究院副院长。二〇一一年被评为市级非物质文化遗产项目卫夫人传说和剪纸艺术传承人。

◆《医保到山村》

◆《四代人回娘家》

◆《喜迎奥运》

董九菊

董九菊，一九五〇年生，山西省平陆县人，山西师范大学数学系毕业，运城学院副教授。运城市民间文艺家协会剪纸艺术专业委员会顾问。

从小喜欢剪纸，退休后从事剪纸艺术传承创作。二〇〇五年编辑出版《剪纸技法与欣赏》一书，在运城学院和运城市老年大学长期担任剪纸艺术课教师。二〇〇六年至二〇一五年担任运城市第一届、第二届剪纸协会主席。二〇〇六年十月，山西省民协和文遗抢救工作委员会授予她「山西省民间文化遗产杰出传承人」荣誉称号。二〇〇九年被运城市民协特聘为「运城市民间文艺家协会专家」。二〇一一年运城市民协授予其「剪纸艺术大师」称号。二〇一四年荣获运城市文联「全市文联协会工作先进个人」奖励。二〇一五年荣获山西省剪纸协会「二〇一〇—二〇一四年度协会工作特殊贡献奖」。作品多次参加国内外展出并多次获奖，并被收录参赛作品集。

二〇〇七年作品《情系百姓》荣获第三届国际剪纸艺术展优秀奖，被中国文化促进会收藏，并入选中国剪纸六十年代表作在全国巡回展。二〇一〇年作品《玉兔献瑞》荣获山西省兔年迎新春剪纸大赛金奖。二〇一一年作品《老来乐三部曲》荣获山西省中老年剪纸大赛银奖。二〇一四年作品《尊老爱幼，和睦家庭》荣获国家「中国梦·幸福家庭」剪纸大赛铜奖。

《福禄寿禧》

冯淑玉

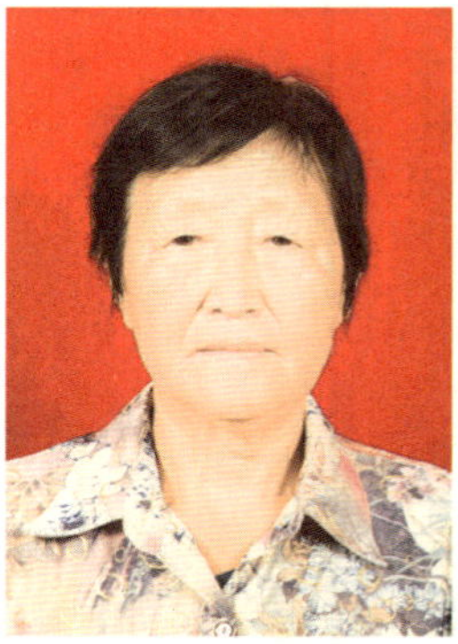

冯淑玉，一九四七年生，山西省万荣县高村乡丁樊村人。山西省民间剪纸艺术家协会常务理事，山西省文化促进会会员，运城市民间文艺家协会剪纸艺术专业委员会顾问。

二〇〇六年荣获人口计划生育剪纸大赛个人优秀奖，二〇〇八年第三届中国北京剪纸艺术博览会「风之魂」中国中部民间剪纸艺术大赛荣获银奖，二〇〇九年四月中国「鱼文化」剪花艺术大赛荣获佳作奖，二〇一〇年，多幅作品参加运城市民间艺术研究会李家大院布展。二〇一二年河津市三八妇女节剪纸大赛荣获一等奖，中国「四花」剪纸大赛荣获优秀奖，第三届运城舜帝陵德孝文化节剪纸大赛荣获优秀奖。二〇一四年荣获德孝文化节传播特别贡献奖，同年被授予运城市非物质文化遗产项目代表性传承人，二〇一五年被评为「最美河东女巧手」「三八红旗手」。

二〇一三年，多幅作品被选入中国网络电视台、全国网络公益广告中心素材库。同年《讲文明树新风》公益广告和《二十四敬》《孝老爱亲》等作品在全国受到热捧，《人民日报》《光明日报》《环球日报》《中国青年报》、中国网络电视台、中国文明网等各大联盟网站以及各地方报纸等五十多家媒体刊发了该组作品。她被中国网络电视台、公益广告艺术委员会聘任为委员。

女儿冯兰青在母亲的言传身教下也开始剪纸学习，近十年来，母女合作创作了《四大美女》《梅兰竹菊》《精准扶贫》等剪纸作品。

◆冯淑玉与女儿冯兰青一起研究剪纸艺术　　解福昌 摄

◆《精准扶贫》　冯淑玉　冯兰青

◆《家风·家训》　冯淑玉　冯兰青

席秀芳

席秀芳，一九四六年生，山西省绛县人。一九七〇年毕业于太原工学院化工系。南风集团高级化工工艺工程师，曾任南风集团六厂副厂长、总工程师。运城市民间文艺家协会剪纸艺术专业委员会顾问。

作品《民俗剪纸》在第一届民间剪纸艺术作品展中荣获一等奖。作品《歌唱祖国》在第二届民间剪纸艺术作品展中荣获二等奖。作品《回娘家》在『古中国雄姿，新运城倩影』运城市剪纸艺术大赛中荣获铜奖。作品《岁岁重阳，今又重阳》在运城市『点燃激情唱彩运城』文体比拼活动中荣获书画类一等奖。作品《岁岁重阳，今又重阳》在山西省中老年剪纸比赛中获优秀奖。二〇一一年被运城市民间艺术家协会授予『剪纸艺术大师』荣誉称号。剪纸作品多次被《南风文化》《运城市情》《老龄》《河东民间文艺》《黄河晨报》《当代剪纸家微刊》《中国文化遗产日增刊》等报刊刊登。

自二〇〇六年开始收藏端午香包，至今一共收藏河东地区民间手工香包一千有余。编著有《河东端午香包》一书。

二〇一六年开始学习创作面人，其作品以戏剧人物和唐诗故事为主，代表作品有《苏三起解》《三娘教子》《拾玉镯》《断桥》等。

神话河东

自从盘古开天地

女娲造人后土祠

后稷稼穑稷王山

神农百草都尝遍

燧人钻木取火种

嫘祖养蚕霞衣穿

哑姑东海盗来盐

黄帝蚩尤条山战

尧王访贤到历山

舜帝抚琴歌南风

大禹治水凿龙门

凤凰城里落凤凰

◆《三娘教子》

◆《白蛇传》

◆《贵妃醉酒》

◆《挂画》

李惠芳

李惠芳，一九六六年生，山西省运城市盐湖区人，现为北城初中教师。中国民间文艺家协会剪纸艺术委员会会员，山西省剪纸协会会员，运城市民间文艺家协会剪纸艺术专业委员会副秘书长。

近年来，她的剪纸作品在全国各类剪纸大赛中多次获奖：二〇〇九年，《民富国强福满园》在盐湖区庆祝建国六十周年大型书画剪纸展中荣获一等奖。二〇一一年，《欢乐》在盐湖区庆祝建党九十周年书画剪纸展中荣获一等奖。二〇一二年，作品《枕顶花》被右玉剪纸博物馆收藏。二〇一三年，作品《德政千秋，美梦成真》在第四届「教场坪能源杯」中国信俗剪纸大赛中荣获铜奖，同年，作品《欢乐童年》被中央文明办选为公益广告。二〇一四年，她参加了中宣部组织的剪出《百名优秀共产党员》的公益广告活动。二〇一五年，作品《安居乐业》在山西省十年庆典剪纸展「神剪杯」中荣获银奖，并入选二〇一五年「鲁光杯」全国剪纸大展，二〇一六年，该作品荣获盐湖区第二届剪纸大赛一等奖。二〇一五年，在运城市「古中国雄姿，新运城倩影」剪纸大赛中，作品《昔日南风歌，今日运城情》荣获铜奖。二〇一六年，她创作的剪纸作品《中华有福，诚信是福》入选了全国「图说我们的价值观」公益广告作品库。二〇一七年，作品《中华腾飞》在「潼关杯」全国剪纸邀请展大赛中荣获铜奖。二〇一八年，由全国妇联家庭和儿童工作部与中国妇女儿童博物馆共同组织的「第四届全国儿童剪纸作品展」活动中，荣获优秀组织奖。

◆《德政千秋》

◆《南风歌》

◆《年俗》之《蒸花馍》

◆《年俗》之《贴对联》

段吉庆

段吉庆，一九三九年生，山西省新绛县人。原中国工艺美术学会会员，中国剪纸研究会理事，中国剪纸学会理事。现为新绛戏曲剪纸代表性传承人。

新绛戏曲剪纸因历史悠久、传承脉络清晰、风格古朴大气在剪纸百花园中独树一帜，二〇〇六年被列入山西省非物质文化遗产项目，代表作品有《三娘教子》《窦娥冤》《游园》等。一九八六年，段吉庆带领新绛民间剪纸艺人苏兰花、辛百巧、段春姣等十多人参加山西省首届民间剪纸大会和全国剪纸展均获一等奖。从艺六十多年来，他发表在省级以上刊物的剪纸作品千余幅，尤以人物见长，戏曲更为突出，其中戏曲剪纸《教子》组画被收入《中国百人现代剪纸选》一书，并受到著名版画家、剪纸家力群先生的好评。

多年来，作为新绛戏曲剪纸省级代表性传承人，他致力于新绛剪纸的挖掘、整理、传承与发展，专门从事新绛剪纸的保护、研究和开发工作。其作品也多次参加全国展览和国际展览，并屡屡获奖。其中，作品彩色剪纸连环画《小花鹿斗老虎》，由山西人民出版社出版发行，并参加一九八〇年俄罗斯国际图书博览会；戏曲剪纸《游园》被上海市美术馆收藏。编有《新绛剪纸》《苏兰花剪纸》等书籍。

其女段朋喆，现任运城市民间文艺家协会剪纸艺术专业委员会副主任。自幼跟随父亲学习剪纸技艺，并受到苏兰花大师亲传戏曲剪纸技艺。作为山西省『新绛戏曲剪纸』新一代传承人，与父亲段吉庆合作出版了《中国民间剪纸传承大师〈苏兰花剪纸〉专辑》《弟子规·二十四孝》《戏曲功夫》《朱子家训》等剪纸书籍。其剪纸作品《弟子规》获山西省首届文博会『神工杯』银奖。

◆《拾玉镯》段朋喆

◆段吉庆之女段朋喆

◆《三娘教子》段吉庆

裴栋梁

裴栋梁，一九七二年生，山西省运城市盐湖区人。中国工艺美术学会会员，中国民间文艺家协会会员。现任山西省剪纸艺术家协会副秘书长，运城市民间文艺家协会副秘书长，运城市民间文艺家协会剪纸艺术专业委员会主任。

因自小受家庭熏陶，书画齐进，得剪纸以传家。多年来，坚持从事剪纸艺术并有所创新和发展。二〇一五年九月，作品《观世音菩萨》荣获山西省剪纸协会十年庆典「神剪杯」银奖。二〇一六年九月，剪纸作品《梅兰竹菊》在山西省「中国梦·黄河情」主题大赛中荣获二等奖。二〇一七年十月，运城市新文艺群体综合文艺大赛中《武圣关公》荣获剪纸艺术类一等奖；同年十二月，关公系列文创产品在二〇一七山西省优秀旅游商品创客大赛中荣获一银两铜奖项。

二〇一七年六月，「一带一路」中国文化教育品牌海外形象高峰论坛在北京召开，裴栋梁被授予中国文化教育诚信品牌重点推荐「诚信艺术家」和中国文化教育诚信品牌联盟重点推荐「运城诚信大使」；同年十二月参加浙江大学山西省委宣传部组织的文艺骨干培训。二〇一八年八月中国校园健康行动领导小组办公室、中国校园健康行动关心下一代爱心行组委会授予裴栋梁「二〇一八《中国梦·爱心行》优秀文化艺术工作者」；同年十一月在中央社会主义学院参加山西省新的社会阶层人士培训。其爱人李云霄也是剪纸艺术爱好者，文创产品《四好镇尺》在二〇一七山西省优秀旅游商品创客大赛中荣获铜奖。

◆《关圣帝君》裴栋梁

◆《军魂》李云霄

◆《达摩悟道》裴栋梁

◆《关王四好碑》裴栋梁

绛州澄泥砚

绛州澄泥砚产于中国历史文化名城——山西省新绛县（古称绛州）。它与广东端砚、安徽歙砚、甘肃洮砚并称为中国四大名砚，在『三石一陶』中独秀一枝，是山西新绛特色传统手工艺术珍品，是中华民族五千年黄河文明的艺术结晶。

绛州澄泥砚制作工艺历史悠久，孕于秦汉，兴于唐宋，明代达至炉火纯青。宋代的《贾氏谈录》和《文房四谱》中对澄泥砚的制作方法均有记载。古法大致是：取河床下的泥，淘洗后，用绢袋盛之，口系绳再抛入河中，继续受水冲洗，如此二三年之后，绢袋中的泥越来越细，以过滤的细泥为材料，然后『令其干，人黄丹团和搜如面，作二模如造茶者，以物击之，令其坚。以竹刀刻作砚之状，大小随意。微阴干，然后以利刀刻削如法，曝过，间空垛于地，厚以稻糠并黄牛粪搅之，而烧一伏时』，再用黑蜡、米醋相参蒸多次。如此繁复的工序，使砚台坚如铁石。随着时代的变迁，汾河的水流量和流速都发生了很大的变化，后来澄泥砚的制作已不完全遵循古法。主要工序为：将采掘来的河泥放置在一个绢制的箩中过滤，滤出极为细致的澄泥，经过澄泥过滤、绢袋压滤、陈泥、揉泥、制坯、阴房晾干、雕刻、砂磨、入窑烧制、出窑、成品水磨等几十道工序，每道工序都有严格的要求。由于制工精细，使澄泥砚具有发墨快、墨水不容易干、不伤笔毫、便于携带的优点。在造型艺术上，澄泥

砚也别具一格。它十分注重图案和造型，雕刻形式多样，色泽典雅秀丽，显得极为古朴大方。

绛州澄泥砚是中华民族悠久历史文化之瑰宝。自中唐起，历代皆为贡品，倍受帝王将相、名流大雅所推崇，乾隆皇帝尤为珍爱。它被编入《四库全书·西清砚谱》，在中国历史上享有盛誉。但因历史原因，澄泥砚制作技艺于明末清初失传。为抢救这一民族文化遗产，从一九八六年始，新绛县博物馆业务馆长、文博副研究员蔺永茂与其子蔺涛成立「山西省新绛县绛州澄泥砚研制所」，专心致力于「绛州澄泥砚」的开发挖掘、恢复和创新。在造型设计上，他们吸取陶艺、雕塑造型的手段和技巧，通过刀法，发挥文史绘画、雕塑特长，将古老传统的手工技艺与现代艺术巧妙结合，为古老的澄泥砚注入新的文化内涵。他们成功炼制出「石品」理纹，弥补了历史的缺憾。面壁十年，蔺永茂、蔺涛父子锲而不舍，历尽艰辛，终于使断代几百年的中国四大名砚之一的绛州澄泥砚重放异彩，填补了我国澄泥砚「非遗」技艺中的一项空白。

绛州澄泥砚雕工细致且随形就势，颜色、纹理经焙烧呈自然变化。其特点是：观若碧玉、抚若童肌、扣若金声、注水不涸、历寒不冰、积墨不腐，生津益墨、不伤笔毫。颜色以鳝鱼黄、绿豆砂、玫瑰紫、朱砂红最为珍贵，具有较高的收藏价值和实用价值。如今的绛州澄泥砚，除保持原有的优良品质和实用价值外，以其优良的澄泥质地、深厚的文化底蕴、丰富的表现内容、精湛的雕刻艺术、多彩的色泽变化、稀世的「石品花纹」，更具有艺术性和收藏价值。

藺永茂

藺永茂，笔名新苗、绛石，一九四〇年生，山西省新绛县光村人。国家级非物质文化遗产代表性传承人，中国文房四宝制砚艺术大师，中华传统工艺大师，山西省工艺美术大师，山西省陶瓷艺术大师，新绛县绛州澄泥砚研制所董事长兼艺术总监；版画艺术家，文博副研究员，山西省漫画家学会会员，山西省考古学会会员。中国「陶瓷艺术终身成就奖」「世界非物质文化遗产大会终身成就奖」获得者。

藺永茂奋发有为，硕果颇丰。在版画艺术方面取得了突出成就。版画作品《飞渡龙门》《稻香千里》《今日汾河》《吊金钟》等赴京展出，并获奖励。作品《吊金钟》赴法国、日本展出获得一致赞誉。一九八六年，成立山西省新绛县绛州澄泥砚研制所，与其子藺涛潜心致力于绛州澄泥砚的开发、挖掘、恢复和创新。制作的澄泥砚瓷实、坚硬，雕工细致，且随形就势，颜色、纹理经焙烧呈自然变化，具有较高的收藏价值和实用价值，系我国澄泥砚杰出代表。其制作技艺被列入「国家级非物质文化遗产保护名录」，品牌荣获「中国驰名商标」「中国著名品牌」「中国知名品牌」，作品五次荣获联合国教科文组织「世界杰出手工艺品徽章」、四次荣获中国文房四宝最高荣誉——「国之宝」称号、四次荣获「中华民族艺术珍品」等荣誉称号。

藺永茂多才多艺，笔耕不辍。《追寻绿洲文集》《从仰韶文化时期走来的中国历史文化名村·光村》等多部专著相继问世。

《辈辈侯》

《海天浴日》

高新生 摄

《一叶知秋》

《怀素写蕉》

蔺涛

蔺涛，一九六八年生，山西省新绛县人。高级工艺美术师。山西省人大代表、运城市政协常委，新绛县美术家协会副主席。山西省委宣传系统『四个一批』人才，中国文房四宝协会副会长，中国文房四宝制砚艺术大师，山西省工艺美术大师，山西省陶瓷艺术大师，国家级非物质文化遗产项目省级代表性传承人，山西省非物质文化遗产保护促进会副理事长，山西省工艺美术协会副理事长，山西省传统工艺美术发展协会副理事长。

一九八六年与父亲蔺永茂挖掘、研制、恢复绛州澄泥砚。二〇〇八年，绛州澄泥砚制作技艺被列入『国家级非物质文化遗产保护名录』，填补了我国澄泥砚『非遗』技艺中的一项空白。蔺涛砚作六次荣获联合国教科文组织『世界杰出手工艺品徽章』，为中国大陆唯一连获此项殊荣的艺术家。五度蝉联中国文房四宝最高荣誉——『国之宝』称号。四度蝉联『中华民族艺术珍品』。二〇一一年至二〇一五年，他设计制作的『红色革命圣地系列砚』『抗战系列砚』被国家军事博物馆、中国人民抗日战争纪念馆等全国各大博物馆收藏。

近年来，蔺涛多次荣获国家、省、市奖励。二〇一四年四月被中华全国总工会授予『全国五一劳动奖章』；二〇一五年荣获『全国劳动模范』称号；二〇一六年八月被中华全国总工会评为『大国工匠』。二〇一八年十月，荣获中国轻工业联合会『大国工匠』称号。

◆《和平砚》
马霞 摄

◆《云海腾蛟》
马霞 摄

◆蔺涛砚作六次荣获联合国教科文组织“世界杰出手工艺品徽章”

解玉霞

解玉霞，一九六七年生，山西省新绛县人。毕业于山西师范大学历史系文博专业。中国工艺美术协会会员，中国文房四宝协会会员，山西省工艺品旅游纪念品生产经营协会理事，山西省陶瓷艺术大师，山西省民间文化杰出传承人，运城市民间文化工艺大师，山西省新绛县绛州澄泥砚研制所总经理。

一九八六年，与爱人蔺涛一起开始研制绛州澄泥砚。她亲手设计图案、制坯、雕刻、烧制等，在砚型设计方面有着独到的见解，其砚作得到了收藏家及各级领导的一致好评。多年来，她主要从事制砚科技攻关与新砚型的设计开发工作，作品多次获国家级、省级大奖，并被众多书画家收藏。二〇〇八年，与蔺涛合作主编《绛州澄泥砚砚谱》一书，由荣宝斋出版社出版发行。

二〇一〇年，参加上海世博会『山西省非物质文化遗产山西活动周「非遗」』展演；二〇一〇年至今，多次荣获省、市、县各类荣誉和奖励。二〇一一年，成为『市级非遗项目澄泥砚制作技艺代表性传承人』；二〇一二年，获『第三批省级「非遗」项目澄泥砚制作技艺代表性传承人』；二〇一二年，与蔺涛、聂俊辉、侯双叶的合作作品《新鲤鱼跳龙门系列砚》获山西省首届工艺品创新设计金奖；木版年画作品《上元赐福图》荣获山西省首届工艺品创新设计大赛银奖。二〇一三年，荣获『运城市工艺美术大师』荣誉称号。

◆高新生　摄

◆《难老泉声》

◆《桐叶封晋》

◆《洛书砚》

聂俊辉

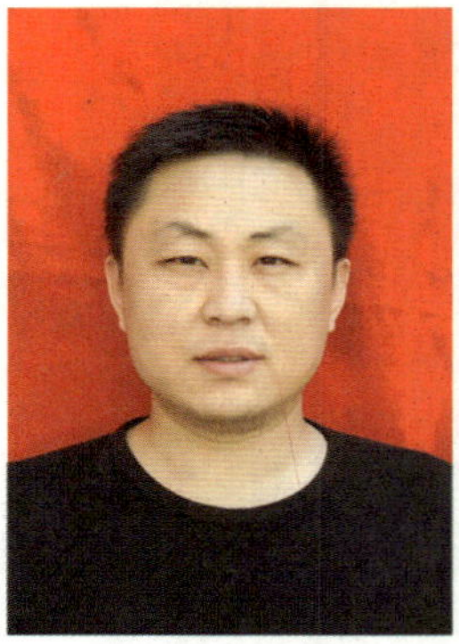

聂俊辉，一九八〇年生，山西省新绛县泽掌镇光村人。二〇一二年被评为山西省运城市民间工艺美术大师。二〇一四年五月，被授予『运城市五四新青年』荣誉称号，同年被评为山西省陶瓷艺术大师。国家级非物质文化遗产传承人，中国文房四宝协会会员，山西省传统工艺美术发展协会会员，新绛县绛州澄泥砚研制所高级工艺师。二〇〇〇年起至今，担任绛州澄泥砚研制所生产部主任。

一九九七年起师从蔺涛、解玉霞学习绛州澄泥砚制作工艺，熟练掌握了绛州澄泥砚的设计、制坯、雕刻、焙烧等工艺流程，并开始了新砚型的设计开发工作，很快就脱颖而出，成为企业的骨干力量。

二〇一〇年结业于清华大学美术学院培训中心举办的『山西省工艺美术高级人才研修班』，二〇一二年，随蔺涛大师等人赴新疆、上海、浙江、江苏、安徽等地对其他的砚种进行考察学习，二〇一三年参加『山西省工艺美术大师』培训。知识的积累使他在新砚型的开发方面有独到的见解，多件作品获省、市级大奖。

从二〇〇三年开始带徒授艺，同时为传承绛州澄泥砚这一国之瑰宝，在二〇一一至二〇一三年先后指导运城学院几届实习生从事砚台设计及雕刻工作，二〇一三年被新绛县职业教育中心聘为兼职教师。

◆《明月松间照》

◆《千祥百福》

◆《小云龙》

绛州木版年画

新绛古称绛州，为全国历史文化名城。新绛木版年画据现有史料考证，出现于北宋年间，据记载：北宋雍熙三年（九八六年）绛州郭下的宋守真刊印的刻本《佛说北斗七星经》为海内孤本，有极高的研究价值，这一宋代刻本是新绛年画的鼻祖，到明代已成为独具特色的一大民间艺术流派。新绛木版年画至清道光、咸丰时达到鼎盛，其时绛州城有「三大家、七小家年画作坊」之说，主要有「益盛成画店」「天福成」「景记纸局」等几十家大小不等的作坊，其中开业于清初的「益盛成画店」，年印制各类木版年画达十万余份，行销西北诸省。

绛州木版年画生长于民间，扎根于农村，是我国美术史上的珍宝。绛州木版年画题材广泛，有历史、人文、社会、戏曲等，几乎涵盖了农耕时代人们的精神风貌和社会生活的方方面面，寄托了人们对美好生活的愿望。散落于民间的木版年画，有反映人民祈求幸福、丰收、行孝、长寿、送子、教子、福禄康泰等；有古代的忠义志士，门神、关公、赵云、秦琼、钟馗；有祈福题材的天仙送子、麒麟送子、八仙庆寿、百子生金、四季平安；有神仙题材的天仙、八仙、刘海戏蟾、和合二仙、马灶、马王；有民俗题材的老鼠娶亲、猴子抢帽、五子登科、镇宅神虎、行孝图；有现实生活题材的三娘教子、春牛图、渔樵喜乐图；有戏曲题材的天河配、黄鹤楼、赵云

救阿斗等。特别是古代的忠义志士，版画形象威武，给人以巨大的震撼力。代表作有：《关公观春秋》《麒麟送子》《四季美人图》《闺房教子》《老鼠娶亲》《猴子抢帽》《春牛图》等，都是中国年画宝库中的精品。

绛州木版年画以线板为主，用刀极见功夫。套色水印，一般多用大红、桃红、中黄、青莲、普蓝和紫色几种品色，在创作方法和技法表现上，均以线条为主要造型手段。人物和景物都通过线条的疏密、长短、刚柔、曲直、穿插来表现。在对比中统一，在变化中和谐。在线条造型的基础上，再运用集中概括、浪漫主义和人物传神、象征寓意的手法来体现画面的构图完整、造型夸张、形态生动。其最大特点是不受自然现象的约束，用最少的色彩、简约的手法，表达丰富的色彩冷暖效果，让形象更加丰满艳丽动人。绛州木版年画通过选题、构图、线条、色彩等艺术语言塑造有血有肉的艺术形象。从描绘各类『神马』，到各种神灵、关公、钟馗及仕女，戏剧中的生、旦、净、丑，均以人物作为主要描绘对象。如『杜坞刘』作坊创作的《关公读春秋》，『益盛成』作坊描绘的《闺房教子图》《麒麟送子》等，在老百姓的心目中留下了活生生的艺术形象。

绛州木版年画在雕版、套印、彩绘方面有一套较完整的制作工艺。制作流程主要包括制版、绘稿、上稿、雕刻、印刷、填色、装裱等；制作工艺主要包括：色纸印制、墨线敷彩、墨线手绘、半印半绘、套版印刷、全彩色套印等。构图、线条、色彩是绛州木版年

画创作的主要语言。色彩从属于线条。没有墨线版的存在，套色版只是一块无所依从的色块。同时，若没有色彩的「烘云托月」，木版年画就会大为失色。色彩运用的原则是以少胜多，以简胜繁。利用红与绿、黄与紫、蓝与橙、黑与白四组对比色，进行巧妙的设计穿插。对比强烈而不俗不火，色彩艳丽而协调统一。总体倾向于「工笔重彩式」和「工笔淡彩式」两大类套印效果。年画套印一般采取三套色为主。用红黄紫、红黄绿、红黄蓝等三色组合，三色中以一色为主，其余辅助。四套色、五套色只是在三套色的基础上加上两种复色或浅色而成。为突出主题、强化效果，绛州木版年画往往利用夸张、变形、象征、寓意、谐音等手法，使所描绘的事物比现实效果更强烈、更集中、更具典型性，形成绛州木版年画热烈、红火、饱满、典雅的色彩效果，具有浓郁的民间和地方特色。

绛州木版年画品种齐全，题材涉及神像、戏曲、纸马、婴戏、美人、四条屏、窗花、灯笼画、门联等十三种之多，手法繁多，印刷方式上有套版印刷和半印半绘，套色上有两色和多色，并且刻版技术好，线条细腻，年画内容所能体现的历史脉络清晰，是一项完整的民间文化遗产。二〇〇八年四月，古绛州（今山西新绛）被确定为全国十八个木版年画主产地之一，绛州木板年画被列为国家非物质文化遗产抢救保护项目。

◆明代古版《关公读春秋》 吴百锁 收藏

◆木版套色《门神》 吴百锁

◆吴百锁展示木版套色印刷工艺

◆木版套色、局部手绘《麒麟送子》 郭全生

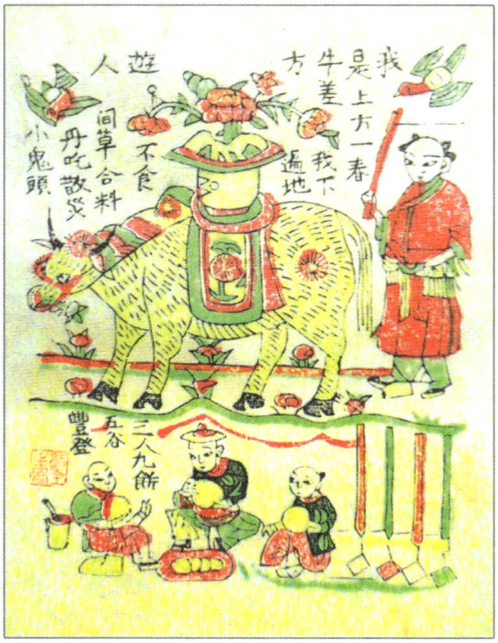

◆木版套色、套印工艺《春牛图》 郭全生

吴百锁

吴百锁，一九五七年生，山西省新绛县人。省、市级非物质文化遗产项目绛州木版年画代表性传承人。山西省优秀民间工艺美术家，运城市民间文化工艺大师，运城市民间工艺美术大师。

二〇〇七年，吴百锁与妻子李华成立绛州木版年画研制所（绛州二天门木版年画社），致力于绛州木版年画的抢救保护工作，专业从事绛州木版年画的收集、保护、整理、研究、创作工作。至今，共收藏各个时期的古版一千余块，老画、老画稿一千余幅，最早可追溯到明代，其中有六十一块（幅）版、画录入《中国木版年画集成·绛州卷》一书。收藏的木版中有数十块绛州木版年画孤版珍品，都是十分珍贵的研究资料。代表性的有《关公读春秋》《帝王祭祀后土圣母汾流图》《天官赐福》《门神》《福禄寿》《瓜蝶绵绵》等，都是明代的老版，对保护、传承、发展绛州木版年画做出了很大的贡献。

作品在传承传统木版年画的基础上，现已形成自己独特的技艺风格：选料考究，质量上乘；题材广泛，源于生活；构思独特，艺术精湛；地域鲜明，色彩艳丽；继承传统，手法多样；单幅版画，全国之最。

近年来，新绛县绛州木版年画研制所参加全国各项展览活动千余次，举办专展十余次，荣获多个全国奖项。作品不仅畅销全国各地，而且远销美国、日本、马来西亚、荷兰、蒙古等国，在山西乃至全国都有很高的知名度和影响力。

◆吴百锁老师正在雕版

◆《渔樵喜乐》

◆《四美图》

郭全生

郭全生，一九六六年生，山西省新绛县古交镇中社村人。「新绛年画郭全生」被中国民间文艺家协会主席冯骥才先生主编的《中国木版年画传承人口述史》丛书收录。

由于痴迷新绛木版年画，自一九八六年以来，他走上了调查、收藏、研究之路，经三十余年的实践，熟练掌握了新绛木版年画的雕版技艺，修复了一些年画和古版。一九九六年成立「新绛县山林画社」，并于二〇〇九年注册商标「山林轩」。

二〇〇八年，参加「中国木版年画抢救保护发展国际高峰论坛」「中国绛州木版年画抢救保护工作专家座谈会」。陪同中国民间文艺家协会主席冯骥才考查新绛木版年画。参加新绛县委组织的木版年画普查，《中国木版年画集成·绛州卷》的编撰工作，并提供年画百余幅和相关技术资料。同年七月木版年画《古代竞技图》经专家评审入选「迎奥运中国农民艺术展」，被中国农业博物馆收藏。多次参加全国各地的非物质文化遗产文化活动。

多年来，他坚持新绛木版年画传统技艺纯手工制作和工艺流程保护，其事迹在中央、省、市、县电视台和报纸、杂志报道。二〇〇八年被新绛县人民政府授予「新绛木版年画优秀传承人」称号。二〇一一年荣获「中国木版年画抢救与保护特殊贡献奖」。二〇一六年参加「中国木版年画传统技艺高级研修班」，作品在恭王府展出并被王府收藏。

◆木版套色、局部手绘《麒麟送子》

◆木版套色《馗头》

◆木版套色《猴子抢帽》

◆木版套色、局部手绘《四季美人图·秋》

关帝风雨竹

竹书字画，是以木本植物竹子的叶子纵横交错的形式，体现出来的一种亦画亦字的艺术字形，是我国劳动人民在生活实践中摸索总结出来的一种艺术门类，在华夏大地上许多地方都有此记载。

中国画种门类繁多，单是画竹子的历史名人就不计其数。如北宋的文同，元代的顾安、吴镇，明代的文徵明、夏昶，清代的郑板桥、陈鸿寿等，均以画竹而名垂青史，但却无一人以竹组字。据《关帝圣迹图志全集》以及各地县志记载，大都以关公手笔为竹书成文者居多。据多方考证，各地流传的竹书字画均与武圣人关公有关。

闽南白礁慈济宫，堪称闽南故宫。这里的大门由太监守门，属全国少有，十分奇特。门口石柱上镌刻着四幅竹画，其画工精细，栩栩如生，唤作「竹叶书」。碑刻上竹书字为「慈心施妙法」，另一幅是「济众益良方」，组合起来为一副对联。另外一副对联为「保我德无量」「生民泽利长」。漳州市知名学者王作民说，所谓「竹叶书」，就是以竹叶为笔画组合的一种字体，源于汉代竹叶碑，它巧妙地以绘画中的竹叶组成文字，寓诗于画中，人们看去仿佛整块碑是描绘丛竹迎风景象的一幅图画，而仔细地反复琢磨，却可以发现竹丛中隐藏着许多以竹叶组成的字句，其艺术特点是似画非画，画中藏字，相当神奇。这种绘画技巧也逐渐衍化

形成一种新的书法国画艺术——竹叶书。

在河北省涿州市汉昭烈帝（刘备）庙中发现明正德七年（公元一五一二年）重修昭烈庙时所刻「风雨竹碑」。碑中左边为风中劲竹，竹叶倾斜，如被狂风吹偃；右边为雨中劲竹，竹叶下垂似遭暴雨淋浇。内容分别是「不谢东君意，丹青独立名」「莫嫌孤叶淡，终久不凋零」。碑中央上方和右下角有印章二方，右上方署「汉关夫子手笔」，左方署「美髯遗雨竹诗句」。现涿州市文管所珍藏的「风雨竹碑」，原嵌于汉昭烈帝庙（又称三义宫）照壁上，一面是风雨竹，另外一面是「紫阳先生题汉昭烈庙诗碑」。紫阳先生为元代杨奂，那么三义宫这方「风雨竹碑」的制作年代应为元、明时期。

在《关帝圣迹图志全集》中记载：「竹诗石碣系明代宣德年间（一四二六年—一四三五年）徐州创建铁佛寺时从地下得之，这块明代地下所来之石又出自何年代，今人无法考证了。」当代名人吕文平在《关帝风雨竹诗画小究》一文中说：在中国历史上有一位家喻户晓、老幼皆知的武圣人，他是一位「天日心如镜，《春秋》义薄云。神威能奋战，儒雅更知文」的儒将，正所谓「有文无武不威如，有武无文不丈夫。谁似将军文而武，战袍不脱夜观书」。从以上史料以及流传于河东一带关氏后人存续的族谱中，可以清晰地理出关羽的生平及其绘画历程。

关羽，字云长，生于东汉末年，是黄帝时期大臣关龙逢的后裔。受其先祖血缘和鞍首作画的影响，他自幼聪颖，喜读《春秋》，

尤其喜欢竹子宁折不弯的品性，便长期用木炭条在中条山石盘沟的青石板上涂上竹枝竹叶，当他发现一簇簇竹叶之间似乎与中国文字之间的相连关系后十分兴奋，渐渐地融入其中，时常藏在山中作画。十九岁那年，他嫉恶如仇，斩杀解州恶霸吕熊员外亡命他乡后，因战乱而无暇作画，直到身陷曹营之时，其压抑心情更是无以言表，遂以竹代书，将『莫嫌孤叶淡，终久不凋零』『不谢东君意，丹青独立名』二十个字藏匿于风雨竹字画当中赠予曹操，明确表示了自己的愿望和气节，这也就是『身在曹营心在汉』的历史渊源，曹操看后更加欣赏关羽的忠信精神，随后责令手下将这一幅风雨竹字画刻于石碑之上，让后人敬仰欣赏。

清康熙五十五年（一七一六年），有人在河南许昌附近的地下发现了两通石碑与史书记载无异。此后各地敬重关羽的忠义仁勇，尤其是其『身在曹营心在汉』的不屈气节不断被人们相互传颂，因而仿效原版复制无数，而在解州关帝祖庙的两通石碑始于何时也无从考证，当地百姓世代相传，幸未绝迹。一九八〇年上海人民美术出版社出版发行的《中国美术家人名辞典》将关羽作为中国画竹的鼻祖收录在内。一九九一年，由山西人民出版社出版，作者王睿、张裔编写的《山西古代画家传》一书中说：世言画竹始自五代李夫人（即后唐李氏创墨竹一格），不知实创自关羽也，故称关羽为中国画竹之始祖。

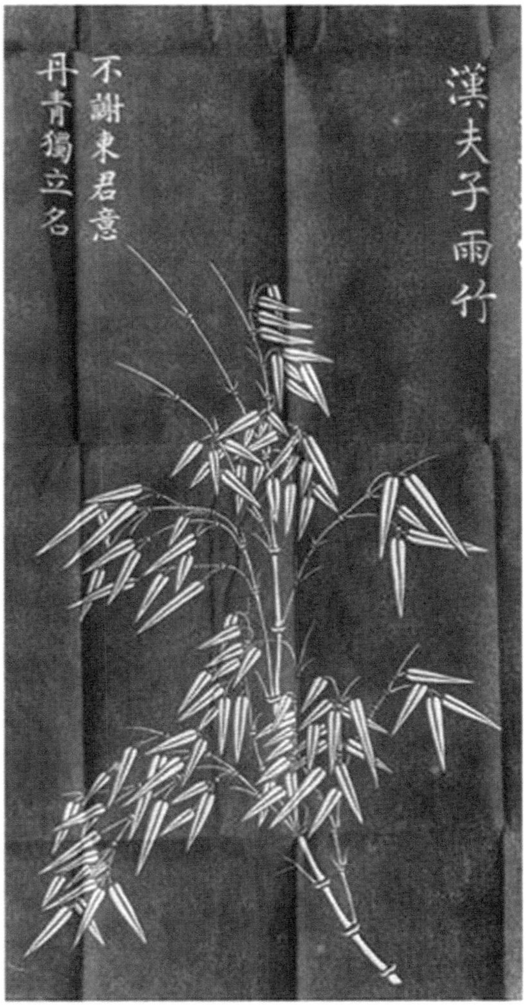

◆《关帝风雨竹》："莫嫌孤叶淡，终久不凋零。""不谢东君意，丹青独立名。"

刘建苏

刘建苏，字雨亭，一九五九年生，山西省运城市解州人。自幼受先辈传授，十分喜欢关羽风雨竹书字画，长年临习，现基本掌握国文中点、横、撇、捺与竹叶之间的演变规律，故而可将任何文字藏匿于竹叶字画当中。

多年来，他创作的关帝风雨竹书画作品被英、美、法、日、匈牙利、意大利、韩国、泰国、新加坡、马来西亚等数十个国家和中国台湾、香港等地区的友人购买并收藏。二〇一二年被运城市人民政府评为非物质文化遗产传承人。二〇一六年元月，中央电视台《远方的家》栏目组主题报道。他为该栏目组现场作了风竹《远方的家》和雨竹《长城内外》，一经播出，受到海内外华人及喜欢中国传统文化的国际友人的极大关注。二〇一八年十月，由运城市委、市政府和山西省侨联在马来西亚举办的『亲情中华·筑梦丝路，关公文化走进马来西亚』国际关公文化节活动中，刘建苏的风雨竹叶字画倍受各国友人的欢迎。尤其是他的文创产品『关帝风雨竹护照令牌』，由于包含了『风调雨顺、文武双全、阴阳平衡及逢山开路、遇水搭桥』等寓意，受到马来西亚、泰国、越南、新加坡等关公信众的热捧抢购。尽管都是义卖捐款，却让刘建苏深刻感受到关公文化在国外的魅力。

◆山西省原政协副主席姚奠中先生（左一）收藏刘建苏创作的竹书字画

◆中国航天员景海鹏（右一）收藏刘建苏竹书字画

◆《三国演义》中关羽扮演者陆树铭老师（中）收藏风雨竹字画

河东吟诵

吟诵是中国古人类似唱歌的读书法，是中国诗词文赋联最主要的创作方法，是古代教育高效的教学方法。吟诵天生具有的声韵腔调使吟诵自然具备了诵记快、记忆牢、断句准确、理解深入、运用高妙的功效。古人推崇的「胸藏万卷书」「口吐莲花，笔走龙蛇」，主要就是吟诵的功劳。

中国吟诵的源头在河东。尧帝时期的《击壤歌》《康衢谣》是由劳动人民创作并通过吟诵传播的歌谣文学形式，是中国吟诵文化的源头所在；舜帝在河东盐池北畔高冈抚五弦琴吟诵的《南风歌》，是中国吟诵文化成熟的标志性作品。复旦大学校名中「复旦」来源的《卿云歌》也是这一时期的代表作品；《诗经》中的《魏风》《唐风》在五千年历史中熠熠生辉，汉武帝刘彻在古河东后土祠吟唱的《秋风辞》至今传唱，唐诗宋词元曲的传播都和吟诵的传承紧密相关。从尧、舜、禹，到傅说、张仪、郭璞，到王通、王勃、王之涣、柳宗元、司空图，再到司马光、杨深秀，每一代河东人都在用河东吟诵传承着这块厚重土地上的文化气息。河东是中国吟诵文化的发源地、成熟地，并且因诞生于河东且在全国乃至世界华人圈中影响深远的《平水韵》，而成为中国吟诵文化的非常重要的传播中心。

河东吟诵主要是指运用河东地方语言（中国古雅言母语）而

创作、读书、交流学习的一种语言艺术，雅言吟诵一直是河东吟诵的一个主要特征。河东吟诵，是古代河东地区传统的音乐形式，是用河东地方语言来进行唱歌、创作、读书和学习的主要方法，是介于唱和读之间的吟唱古典诗词文赋联的艺术表现形式。它横跨音乐、语言和文学三大学科。尤其是河东地方语言吟诵中，大量保存了中国古代语音学上的上古音、中古音和近古音全部时期的语言发音特征，是古中国在当代唯一的活态存在形式。

根据吟诵声音的高低长短和吟诵形式，河东吟诵的具体表现形态主要分为吟哦、吟咏、吟诵、吟唱、讴歌、弦歌六种。这六种形式从低声品味的吟哦开始，声音越来越高，声调越来越长，到了吟唱就另外加上了肢体语言，其中，讴歌是民间艺人的放声吟唱，这是民间吟诵的最高表现形式；弦歌是文人边弹奏乐器边吟唱，甚至可以有舞蹈相伴，这是文人吟诵的最高表现形式。

自吟诵在河东诞生以来，河东吟诵的传承一直血脉不息，代代河东文化人口耳相传。一直到清朝末年，河东安邑景吉甫开馆授徒，依然使用河东吟诵的方式传授经典文篇。后来因为科举被废除，景家私塾撤馆。其中一绛县籍受学童生回家后受聘于绛县睢村李氏家塾，用河东吟诵的方法给李氏家族子女传授童蒙之学。进入民国时期，河东吟诵和全国所有吟诵流派一样从正规教育体制全面退出。后再经历战乱，吟诵文化基本断绝。幸有绛县睢村李家之女李玉英老人出嫁至比较偏远的马泉山村，在后半世的日常生活中，主要抚养照料孙辈柴海军。因为幼时曾在家塾受教，李玉英老人时不时就会低声吟诵。就在这种不经意的耳濡目染中，将河东吟诵的种子传播到了柴海军的心里。

二〇一五年十一月十九日，河东吟诵被运城市人民政府公布为运城市第四批非物质文化遗产代表性项目，柴海军也被列为河东吟诵的代表性传承人。因为吟诵，柴海军受邀赴北京大学做学术交流，受聘于山西师范大学、山西大同大学、四川师范大学、浙江师范大学等高校，担任财政部、教育部联合主办的全国中小学教师国家级培训计划高校外聘专家讲师团成员。中央电视台、《山西日报》《语文教学通讯》、光明网等各种媒体先后报道河东吟诵活动三十余次。

近几年来，柴海军的足迹遍布祖国大江南北，在北京大学等高校和全国七省市五十余县的中小学广泛传播河东吟诵，重新在全国教育界掀起一股吟诵教学的高潮。二〇一八年十二月，河东吟诵社参加在济南举办的全国第二届中华吟诵大赛，柴海军作为山西、陕西、甘肃、内蒙古赛区主任委员，被聘为吟诵大赛专家委员会委员，四位河东吟诵社种子教师被授予「中华吟诵传习人」称号，河东吟诵社荣获全国优秀组织奖。

◆柴海军在北京大学做学术交流

◆柴海军辅导学生参加海峡两岸经典吟诵比赛

柴海军

柴海军，一九七六年生，山西省绛县人。中国教育学会会员，中国民主促进会会员，运城康杰中学语文教师。毕业于雁北师范学院中文系，后取得山西师范大学教育管理硕士学位。

中华优秀传统文化教育二〇一五年度教学人物，全国中文核心期刊《语文教学通讯》（学术刊）二〇一六年第二期封面人物，全国教育科学『十一五』教育部规划课题专家组成员，中国教育学会『十一五』规划课题专家组成员，教育部全国十佳教改课题主持人，全国首届中学语文界学术先锋人物，全国优秀实验教师。三晋名师，省级教学能手、省骨干教师，运城市河东吟诵社主席，运城市非物质文化遗产代表性项目——河东吟诵项目代表性传承人。

全国中语会实验教师讲课比赛、山西省第八届金钥匙讲课比赛、全国第六届文化作文与文化教学讲课比赛一等奖获得者，全国第十二届文化教学讲课比赛最高奖——国文奖获得者；曾在全国首届快速高效阅读高峰论坛做教改成果示范展示课，在北京大学等高校和天津、浙江、重庆、山东、陕西、江苏、山西等七省、市五十余所中学做专题讲座和报告六十余场。

近年来，在《中国教育报》《中国教师报》《语文教学通讯》等国家级、省级报纸杂志发表论文九十余篇，主编、副主编教育类相关图书三十余册，著有图书《论语新说》。

◆在中国孔子基金会『二〇一八中华经典吟诵大会现场展演暨颁奖盛典』柴海军吟诵《将进酒》

◆柴海军在湖南师范大学给学生作报告

◆荣获中华优秀传统文化教育二〇一五年度人物称号

布艺

布艺，即指布上的艺术，是以布为原料，集民间剪纸、刺绣等制作工艺为一体的综合艺术。它是以布、绸、绢、缎等为主要原料，以民间百姓对美好生活向往的内容为题材，用变形、夸张的手法，同时融合、吸收民间美术中多种类型的制作技艺，通过剪、缝、绣、贴、挑、拔（扎）、拼、缠、纳、叠、镶等技法来制作的一种布质工艺品。其布艺作品造型多样、风格多变、色调淳朴、轻巧实用，呈现出清新朴拙的民俗风情，是中国民间工艺中一朵瑰丽的奇葩。

在古代，缝纫刺绣在民间被称为「女红」。中国女红是讲究天时、地利、材美与巧手的一项民间艺术。而这种女红技巧从古至今都是由母女、婆媳世代传袭而来，因而又被称为「母亲的艺术」。女子刺绣更多是以抒发情感和传承手艺、追求美满和幸福为主题，多用一些象征性的图形如花卉、虫鸟、植物等表达作者祈盼吉祥、趋吉避凶的美好愿望；老年人的用品多用「福、禄、寿」题材，祝愿老人健康长寿；儿童用品常用老虎、「五毒」（蝎子、蛇、蜈蚣、壁虎、蟾蜍）等图案，以取避邪镇恶之意，希望小孩子健康成长；新婚夫妇用品喜欢用鸳鸯戏水、莲（连）生贵子、鲤鱼闹莲图案，期盼家庭美满，多子多福；姑娘送给情郎的定情香包、手帕等，以蝴蝶翩翩起舞之形或并蒂莲花图案，含蓄地表达隐藏在姑娘心底的秘密，针针线线都浸染着爱慕之情。千百年来，勤劳智慧的中国妇女将自己美好的

情感注入针线缝制之中，风格或细腻纤秀、淡洁清雅，或粗犷豪放、色彩鲜明，创造出了无数动人心弦的民间布艺艺术。

在华夏文明发展进程中，由于图腾崇拜与信仰，虎图腾在中国民间非常普及。穿虎头鞋、戴虎头帽为民间儿童主要服饰之一。特别是在北方农村，为了御寒，妇女在农闲时喜欢给孩子缝制帽子。每一顶童帽蕴含着绣女的智慧与灵气、审美与品位。飞针走线间流淌着女性对孩子的关爱，承载着母亲最温暖的祝福。当代绛县「布扎艺人」马秋菊在学习和传承先辈的布扎制作技艺基础上，又创作了许多兼具审美和实用的布扎虎艺术作品，如：双头虎枕、龙虎贵枕、娃虎枕等，既可做枕头使用，又能以艺术品陈列。芮城布艺作品多追求祈福纳吉、辟邪去灾的文化内涵，以鞋垫、肚兜、针插、老虎枕、布玩具为主，它集观赏与实用为一体，有多种艺术形式，可以自然地融入现代装饰中。如：山西省民间艺术大师杨雅琴深受好评的「五毒青蛙」，在传统瑞狮的式样上，独创的「摇头狮子」等；省级非物质文化遗产项目代表性传承人张雅婷创作的「镇宅虎」「摇头狮子枕」等，都是当代艺人在继承传统工艺和结合现代技术而产生的一种新的工艺品种，不但内涵深厚、造型神奇、风格古朴、视觉冲击力强，还具有鲜明的地方特色和浓厚的乡土气息。

运城布艺深受黄河母亲的哺育和河东传统文化的滋养，具有鲜明的地域特色和河东民俗文化艺术特色，其布艺形象生动、格调健康、淳朴，反映了运城人民朴素的思想情感与审美情趣，对促进中华民族大团结和文化交流有着不可估量的艺术价值。

杨雅琴

杨雅琴，一九六六年生，山西省芮城县西陌镇柏社村人。中国民间文艺家协会会员，中国工艺美术协会会员，山西省民间艺术大师。山西芮城雅琴传统布艺研制所所长，运城市民间文艺家协会布艺专业委员会主任。

从小受到擅做花子活（刺绣及其他布艺类）的祖母和母亲的熏陶，喜爱制作民间传统手工布艺玩具和刺绣嫁妆、幼儿吉祥服饰布艺。四十多年来，她创作了五毒系列、狮虎系列、刺绣挂件系列、生活用品系列以及儿童服饰系列等百余种刺绣布艺品，代表作品有摇头狮子、老虎帽、五毒肚兜、凤头鞋、刺绣鱼耳枕等，曾被国内外名家收藏。

二〇〇三年，作品「五毒马甲」在山西省首届民间艺术博览会获银奖。作品「五毒青蛙」在二〇〇四第六届中国艺术节万件民间艺术珍品展上获铜奖。作品「摇头狮」在二〇〇五年第二届中国民间工艺品博览会上荣获银奖。二〇〇六年，作品「鱼尾虎」被山西省民俗博物馆永久收藏，同年被评为山西省民间文化杰出传承人、民间艺术大师。作品「摇头狮子」在二〇〇八年首届晋商文化艺术节获银奖，在二〇〇九年农博会上荣获金奖，在二〇一三年第十四届中国工艺美术大师作品暨国际艺术精品博览会上获国信「百花杯」铜奖。二〇一四年，作品「刺绣摇头狮」在山西旅游纪念品创意大赛中荣获金奖。作品「凤头鞋」在二〇一四年第五届中国民间工艺美术「乡土奖」中荣获金奖，二〇一六年工艺美术学会作品展获银奖。

◆ 飞针走线间，流淌着女性对孩子的关爱，承载着母亲最温暖的祝福

◆ 北方孩子有戴老虎帽、穿老虎鞋、带红肚兜的风俗习惯，既好看又实用

◆ 作品“摇头狮”在2005年第二届中国民间工艺品博览会上荣获银奖，2014年在山西旅游纪念品创意大赛中荣获金奖

张雅婷

张雅婷，一九五〇年生，山西省芮城县陌南镇人。山西省第九届、十届人大代表，山西民间工艺美术家协会理事，山西民间文艺家协会会员，运城市民间美术家协会副主席，山西省传统工艺美术保护与发展协会理事，运城市民间文化发展产业副会长。

作品乡土气息浓厚，制作精美，曾被中央美术馆、中央美术学院等二十余家艺术馆收藏。一九九五年参加第四次世界妇女大会获百名女能手称号；二〇〇二年获山西双学双比女能手称号，同年获运城市拔尖人才称号；二〇〇四年获『山西民间艺术大师』称号，同年被评为山西民间文化遗产杰出传承人及山西省一级工艺美术师；二〇〇六年获全国双学双比女能手称号；二〇〇七年在首届牛郎织女节布展中获得金奖；二〇〇八年获第九届中国工艺美术大师作品及国际精品博览会『天工艺苑·百花杯』优秀奖；二〇〇九年获中国山西特色农产品交易博览会金奖；经中华促进物质文化评定荣获一等奖；二〇一一年被评为省、市级『非物质文化遗产』传承人；二〇一三年获运城市工艺美术大师荣誉称号，同年『芮城摇头虎』在山西民俗文化艺术节中获金奖，在第七届中国（合肥）国际文化博览会荣获最佳展示奖；二〇一四年『摇头狮子枕』荣获中国工艺美术『百花奖』（莆田）评比优秀奖；二〇一五年作品《鹿》被运城市文化局『非遗』展馆收藏，同年被授予『山西省刺绣（布艺）艺术大师』称号。

◆布艺制作

◆传授、传承

◆《威风魏虎》

◆《五毒虎》

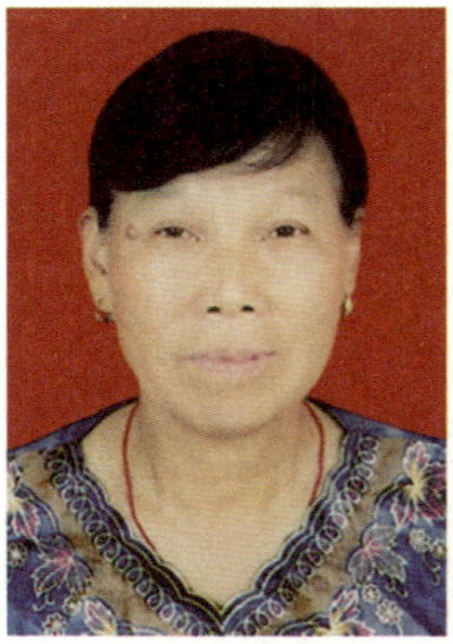

马秋菊

马秋菊，一九四九年生，山西省绛县故绛镇南乔野村人。自幼喜欢民间布扎、剪纸艺术，一九八七年至今创作了布扎老虎系列百余个品种。二〇一一年布扎虎被评为第三批省级非物质文化遗产，二〇一二年被评为第三批省级非物质文化遗产项目代表性传承人。

「布扎艺人」马秋菊创作的布扎虎具有浓厚的乡土气息和丰富内涵。一九九一年「猫戏蝶」「太阳虎」入选《中国民间艺术文集·山西卷》；一九九四年「贵子娃枕」被编入《山西乡土美术教材》；一九九四年玩具「龙虎贵枕」等在山西省民间艺术一绝大展中获银奖，同年布老虎二十五件入选中国民间艺术一绝大展。一九九五年「蝶面龟尾虎」被编入《中国民间玩具大全》；一九九七年十二月入编《绛县志》；一九九九年受韩美林大师邀请，设计制作布老虎。

一九九九年加入中国民间剪纸研究会。二〇〇〇年参加中国美术馆举办的中国剪纸世纪回顾展荣获三等奖，作品有二十件被中国美术馆收藏。二〇〇三年「小龙虎贵枕」「娃虎枕」随文化部中外文化交流中心赴国外展出。二〇一一年参加第二届中国（山西）特色农产品交易博览会，「中华龙」获金奖，「青蛙虎」获铜奖。二〇一五年入编《山西省志非物质文化遗产志》《绛县志》。二〇一六年，获运城非物质文化遗产传统技艺大展铜奖。作品被马来西亚、日本、韩国等国家和澳门、台湾等地的人士收藏。

◆ 绛县文化馆主办的布艺免费培训班上马秋菊在授课

◆ 布扎老虎系列

茶艺

茶艺是指在茶事活动中，以茶叶为中心的全部操作形式的总称。茶艺包括茶叶品评技法、艺术操作手段的鉴赏以及品茗美好环境的领略等整个品茶过程的美好意境。通俗地说，茶艺是指泡茶与饮茶的技艺。就形式而言，茶艺包括：选茗、择水、烹茶技术、茶具艺术、环境的选择创造等一系列内容，其过程体现的是形式和精神的完美结合，其中也包含着美学观点和人的精神寄托。

中国古老的茶文化可以上溯到『神农尝百草』。从中国最早的茶道萌芽时期晋代开始，至茶道盛行的唐代，尚无茶艺表演的专职。但唐代因陆羽善于烹茗被太守请去试茗；另据《封氏闻见记》记载，唐代御史大夫李季卿宣慰江南时，曾请常伯熊表演煮茶。表演时，常氏手里拿着茶壶，口中述说着茶名，逐一详细说明，大家佩服异常。两者与现在的茶艺表演有着相似之处。陆羽在《茶经》中对茶艺过程也有过详细的描述，对选茗、蓄水、置具、烹煮、品茗各个环节非常讲究，并制定了一整套茶艺程序，已明显带有浓厚的艺术形式和丰富的文化内涵，推进了茶的技艺演化过程。这些记载说明茶艺表演在中国古代的茶文化样式中已逐渐呈现表演的意识。

茶艺萌芽于唐，发扬于宋，改革于明，极盛于清，可谓有

相当的历史渊源，自成一统。最初是僧侣用茶来集中自己的思想，唐代赵州从谂禅师曾经以『吃茶去』来接引学人，后来才成为分享茶的仪式。唐代煮茶，多用姜盐添味，世称姜盐茶，宋初流行点茶法，把茶叶碾成细末，冲出来的茶汤要色白如乳，明代起开始流行泡茶。所以说，茶艺既是一种科学沏泡的技术，又是一种在科学沏泡中融入诸多审美元素的艺术。

中国茶艺按照茶艺的表现形式可分为四大类：一是表演型茶艺，是指一个或多个茶艺师为众人演示泡茶技巧，主要功能是聚焦传媒，吸引大众，宣传普及茶文化，推广茶知识；二是待客型茶艺，是指由一名主泡茶艺师与客人围桌而坐，一同赏茶鉴水，闻香品茗。这种类型的茶艺最适用于茶艺馆、机关、企事业单位及普通家庭，要求茶艺师具备比较丰富的茶艺知识和较好地与客人沟通的能力；三是营销型茶艺，是指通过茶艺来促销茶叶、茶具、茶文化。这类茶艺是最受茶厂、茶庄、茶馆欢迎的一种茶艺，要求茶艺师诚恳自信，有亲和力，并具备丰富的茶叶商品知识和高明的营销技巧；四是养生型茶艺，包括传统养生茶艺和现代养生茶艺。养生型茶艺提倡自泡、自斟、自饮、自得其乐，深受越来越多茶人的欢迎。

茶艺表演是在茶艺的基础上产生的，学习沏泡技艺是茶艺表演的基本功。它是运用选茶、辨水、选具、涤器、投茶等方法、技巧，沏泡出一壶好茶汤，是整个茶艺表演的基础。通过各种茶叶冲泡技艺的形象演示，科学地、艺术地展示泡饮过程，

使人们在精心营造的优雅环境氛围中得到美的享受和情操的熏陶。随着物质生活水平的提高，人们对精神的需求也不断提高，以茶会友、商务交流、品茗休闲、国事活动等，茶艺表演成为不可或缺的重要组成部分。而今，各地各类的茶艺馆推出的茶艺表演无疑成为普及茶文化精神、引导人们领悟中国茶道的最佳载体。它既可作为展示沏泡者身心修为的窗口，还能够担当传播地方民俗民风独特的文化载体，如：被称为中国茶艺奇葩的「长嘴壶茶艺表演」，技艺精湛的茶艺师们提壶把盏，悦人耳目，姿态矫健阳刚，将掺茶动作融合传统茶道、武术、舞蹈、禅学、易理等，令其充满玄机妙理，营造了茶馆的文化氛围和民俗气息，提高了茶客的品茗乐趣。在国人心中，茶道宁静而致远、优雅而富有禅味仙韵，融合了中国历代自然科学和人文科学的精华，凝聚了古圣贤和儒、道、佛三家文化的智慧，体现了中华传统文化的魅力，毫无疑问是中华优秀传统文化的代表。但是长嘴壶掺茶却独辟蹊径，融入了更多的传统文化元素，在茶文化界独树一帜，实为中国茶道中一朵亮丽的奇葩。

虽说中华茶文化多姿多彩，但藏茶堪称独树一帜。人们看过诸多的茶艺表演，却鲜有人看过藏族「茶艺」——藏族「茶供」。传统的藏族煮茶，体现茶道的三重境界：心生恭敬——礼敬，心无分别——宁静，心生喜悦——清净。所以说，茶艺是在饮茶活动过程中，「茶」与「艺」有机结合而形成的一种

文化现象，是在中国优秀传统文化的基础上又广泛吸收和借鉴了其他艺术形式，并扩展到文学、艺术等领域，形成的具有当地浓厚民族特色的中国茶文化。二〇〇八年六月，茶艺经国务院批准被列入第二批国家级非物质文化遗产名录。

马水仙

马水仙，一九五七年生，山西省夏县人。高级茶艺师、中级评茶员。现任运城市茶叶协会副会长、运城市民间文艺家协会茶艺专业委员会主任。

二〇一二年创办运城首家自主定型式的综合茶馆：天地人和茶馆。其目标是传播优秀茶文化，弘扬传统工匠精神。多年来，在走出去、请进来等文化交流学习活动中，为传播和弘扬中华优秀传统文化，倡导饮茶健康、健康饮茶的理念，普及宣讲茶文化基础知识，组织体验生活茶艺三百余人，成人、儿童学习基本茶艺一百余人，到企业、学校宣教茶文化、微课堂、公开课等三十余场。在经营理念上，注重技能提升，不断创新完善各种茶艺表演形式，创作编导了具有河东地方特色的各类茶艺表演，获奖的作品有：《凤舞河东》获二〇一六年中国技能大赛「绿宝石杯」第三届全国茶艺职业技能团体赛「团体协作奖」；《天地人和说》获二〇一六年中国技能大赛「绿宝石杯」第三届全国茶艺职业技能个人赛「铜奖」；茶学堂儿童茶艺在二〇一七中国·郑州第二届赢和少儿茶艺国际大赛中，荣获冠军。特别是小茶人于卓宁的茶艺表演，在中央三台《非常6+1》小不点大能耐、爱奇艺和江苏卫视双播的《了不起的孩子》、广州少儿频道《当红不让》、北京电视台文艺频道《加油吧孩子》录制播出后，深受大众的好评与喜爱。二〇一六年，天地人和茶艺馆被运城市茶协评为五星级茶馆；二〇一七年，在全国茶馆评选大赛中，荣获「消费者喜爱的茶馆」。

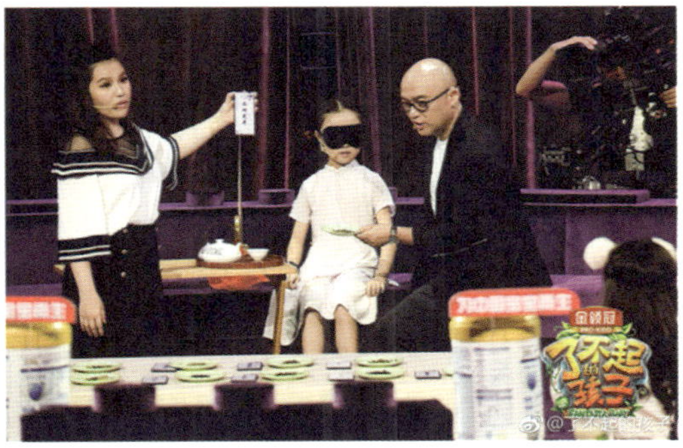

◆ 《凤舞河东》长嘴壶茶艺表演

◆ 江苏卫视《了不起的孩子》——于卓宁

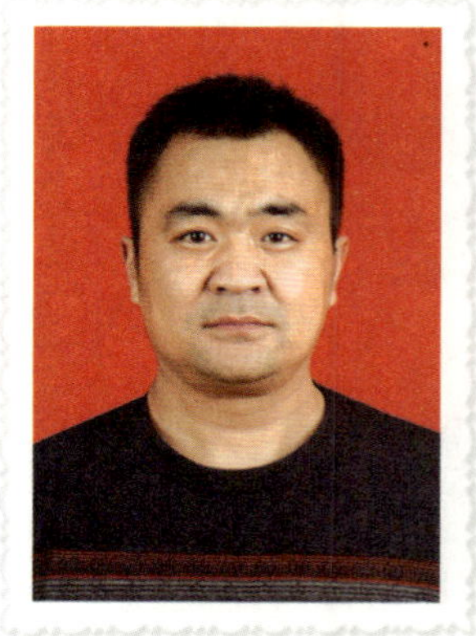

吴增超

吴增超，一九七八年生，山西省运城市盐湖区人。现任中华老字号下关沱茶运城总代理，运城市民间文艺家协会古玩收藏专业委员会主任。

作为河东资深茶人、运城『下关沱茶』总经销，数年来，他到四川雅安地区各大藏茶生产厂家进行考察，通过多次对藏区百姓用茶实地走访和深入了解，结合运城百姓的饮食习惯，于六大茶类中特别甄选了黑茶鼻祖——藏黑茶，并结合资深藏茶人李家大院十九代后人李杰先生对传统制茶的『传统行业，传统了好』『青点度』『熟香』『透骨』等一系列核心理念，历时五年共同潜心研制出一款深得广大运城茶友青睐的、适合现代人体质的绝佳茶品——关王藏茶！

藏茶属黑茶五类之首，历史上千年，有着极为复杂的制作工艺，堪称黑茶鼻祖。而且由于持续发酵的原因，极具收藏价值，是古茶类中收藏价值最高的茶种。我国黑茶制作最早始于四川雅安，有一千三百年的历史。『关王藏茶』选用四川雅安地区海拔千米以上的高山名种茶青为原料，结合传统理念，匠心制茶，精准做茶，既体现熟香度，又保留青点度。开面采青，当年制熟，红苔窖藏，多次冷水慢发酵，竹筐离地发酵醇化，多层次反复加工，经三十余道传统工艺，历时三年，经初期后发酵才得以成茶，使红、浓、鲜、陈、醇、厚等特征得以充分展现，深得广大茶友的青睐。目前，关王藏茶的保健调理作用已得到专家学者及业界人士的广泛关注，也深得消费者的喜爱。

◆精制藏黑茶『关王藏茶』

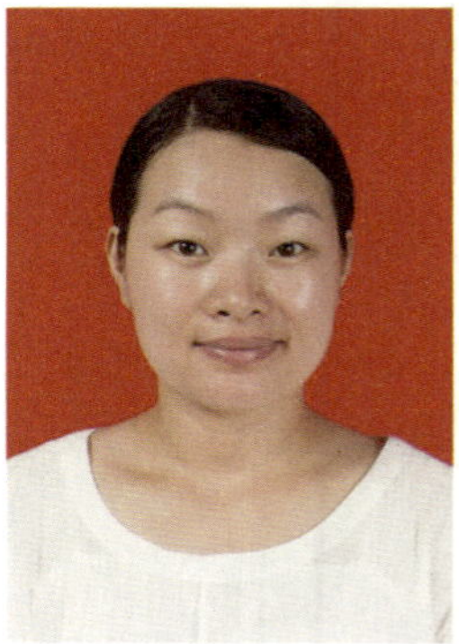

肖佩佩

肖佩佩，一九八五年生，山西省临猗县人。中高级茶艺师、中级评茶员、河南省茶艺文化交流协会少儿茶艺培训师。

自二〇〇六年从事茶行业至今，先后就职于天福茗茶和天地人和茶艺馆。拜师学艺十年来，从理论到实践，深受前辈茶师的耐心指点，加之自身热爱茶行这个职业，经过不懈努力，在茶文化的传承、创新与发展上取得了一定的成绩。二〇一二年，荣获运城市首届茶艺技能大赛冠军；二〇一五年，获「吴裕泰」杯中国国际茶文化创意大赛第三名；二〇一六年第三届全国茶艺职业技能赛山西分赛获个人赛第二名，第三届全国茶艺职业技能赛山西分赛获团队赛第一名；二〇一六年中国技能大赛「绿宝石杯」第三届全国茶艺职业技能获个人竞赛第三名，同年中国技能大赛「绿宝石杯」第三届全国茶艺职业技能团体赛获「团队协作奖」。连续五年被运城市茶叶协会授予「最美茶艺师」等荣誉称号。

◆ 自创茶艺《天地人和说》

◆ 茶艺表演《茉莉飘香》

◆ 长嘴壶茶艺表演《风舞河东》

观赏石艺术

观赏石，是人们从大自然中发现而选择、因审美需要而艺术安置，并赋予人文内涵的纯自然石品。

观赏石是现代名词，是从历史名词奇石演绎而来并扩大了外延内涵的名词，它把工艺石纳入了它的审美范畴。通常以鉴赏的角度和形式把观赏石分为两大类：天然类观赏石和石艺类观赏石。天然类观赏石又称自然赏石，是指天然石头在自然界中被原生态地开发、开采出来，保持石头本身的自然形态，不做人工加工的纯天然观赏石，如中国四大奇石：『东坡肉形石』『岁月』『中华神鹰』『小鸡出壳』。石艺类观赏石是指以天然石头为基材，经人工设计、加工制作的石制装饰、装置，既有观赏性，又有实用性的观赏石，这些艺术上的再创造，我们称之为『石头的艺术』。

观赏石具备天然性、再现性、坚硬性和独一性等特点，天然性是它的自然属性。观赏石因质地坚硬，不易加工，更多地展现其天然之姿；观赏石具有再现性，自然界、人类社会的许多事物都能在观赏石中得以再现；坚硬是观赏石的本质属性，自古以来就有顽石之称；独一性是观赏石的价值属性。特别是其自然形成、难以复制的特点，远离和杜绝了赝品的干扰，这也是它的价值难以准确估量的原因所在。因此，观赏石收藏的价值不仅仅体现在观赏价值，同时其文化价值和发现的价值更是难以估量的。这也是观赏石之所以

引人入胜的关键所在。

中国古代的赏石文化历来崇尚「清奇顽拙」的石韵，欣赏「瘦透漏皱」的石形。如：灵璧石、太湖石、雨花石、英德石被古今藏石界列为观赏石的「四大名石」，把皱、瘦、漏、透表现得淋漓尽致。追溯中国古代的「丑石观」，唐朝诗人白居易可算鼻祖。《咏双石》诗：「苍然两片石，厥状怪且丑。」宋朝米芾提出的「皱、瘦、漏、透」四字赏石要诀，本质上就是赏「丑石」之要诀。宋朝苏东坡进而提出「石文而丑」，清朝郑板桥继而提出「丑而雄，丑而秀」，完善了「丑石观」。赏「丑石」要诀，变成中国古代的赏石原理。其实，「丑石观」某种程度上是传统文化（特别是道家）、宗教（特别是禅宗）诸方面观念的代表，是古代文人士大夫传统道德精神的一种化身。

相对于古代赏石要诀「皱瘦漏透」，当代赏石要诀讲究「形质色纹」，其要点是讲究色彩之和谐，比例之对称，线条之流畅，体表之光润，黄金之分割原理等。继古代四大名石之后，近年来，长江石、黄河石、乌江石、绿泥石等横空出世，从中就能看到现代审美趣味的变迁。说起现代赏石所推崇的方向，一般要求观赏石形态各异、质地温润、色彩鲜艳、纹理流畅、别具气韵。在当今提倡文化大发展的时代背景下，现代赏石也别具一格，最具代表性的就是海派赏石。尤其在改革开放以后，上海更成为全国各种观赏石的集散地，赏玩品种包括：灵璧石、英德石、太湖石、昆石、风砺石、硅化木、戈壁石、水冲石等，几乎涵盖所有的赏石品种。

以天然岩石为主要审美对象的中国赏石文化，提倡抚玩品赏，人石交融。如同传统诗词书画一样，其最高审美境界就是意境和神韵。清代学者赵尔丰说：『石体坚贞，不以柔媚悦人，孤高介节，君子也，吾将以石为师；石性沉静，不随波逐流，然叩之温润纯粹，良士也，吾乐与为友。』从这些观念出发，石与人文精神是相通相融的。而观赏石，把它作为崇高品质的象征，则是这种人文精神的物质载体。随着人们对赏石情愫的升华，赏石也逐渐被灵化为一种刚正不阿、坚韧不拔的崇高品格，成为人们的精神寄托。

赏石文化源远流长，文脉永续。如果说，古代石文化是一种审丑文化，那么，现代的石文化则是一种典型的审美文化。奇石无语，是因为它承载了上亿年历史的分量；奇石有灵，是因为它积淀了从古到今的人文遗产。

在运城，二十世纪七十年代就有赏石爱好者捡石、赏石、收藏奇石，到九十年代后期赏石成为时尚潮流。而今，垣曲县的梅花石、黄河石，绛县的金钱石等都走进了观赏石文化的舞台，走出国门传扬海外。特别是垣曲的历山梅花石在我国是独一无二的，被评为『山西梅花石之乡』，二〇一五年又摘取『中国梅花石之乡』桂冠。其品种有红梅石、绿梅石、金梅石等七种。全县赏石爱好者两千多人，已形成观赏石采集、打磨抛光、雕刻配座、开店销售一条完整的产业链。

◆垣曲历山舜王坪的自然赏石

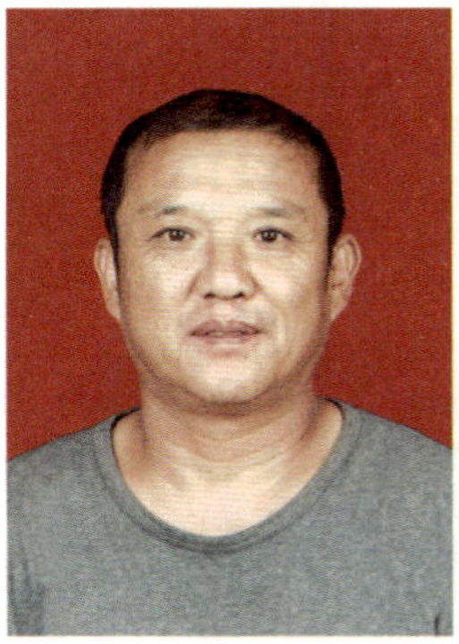

马水利

马水利，一九六六年生，山西省绛县人。现任山西省观赏石协会副会长，运城市观赏石协会会长，运城市民间文艺家协会观赏石专业委员会主任。

自小喜欢艺术，最初迷上书法，也曾迷恋过摄影、演艺，但却没有一样像结缘于奇石那样让他如痴如醉，爱不释手。多年来，作为绛县奇石行业的领军人，他带领本地奇石爱好者走南闯北，积极参加各类奇石展会，并获得很多奖项与荣誉。

大多数爱石者都有如此经历，无论是野外觅石，还是在市场淘石，伴随的都是艰辛与慧眼，一旦发现了可藏可赏的奇石，那种愉悦的心情是无法用金钱来衡量的。但对他这样身处闹市、居住于楼房的爱石者而言，创立家庭石馆谈何容易！他起初玩石以金钱石、鱼籽石、长江石、黄河石为主，刚开始妻子见儿块小石头无碍家居布置，也就睁一只眼闭一只眼了，当石头多了，他就把每一方石头编成一个小故事，慢慢地讲给妻子听，让她也一步一步进入了爱石行列。于是，捡石搬石、赶展购石、石市淘石，由少到多，由多到精，他们一起用心体会，静心感受这些大自然的『佳作』：玉树石、国画石、泰山石、金钱石……享受着奇石文化的独特魅力。

二〇一六年，因为爱石，也为了给当地的奇石爱好者提供一个交流平台，他开始经营奇石馆，并且创建注册了绛县『三缘奇石馆』——『马腾万里风霜雨，石蕴三缘天地人』，得到广大爱石人士的一致好评。

◆泰山石《中华神龙》

◆菊花石原石

◆产自绛县的金钱石

◆黄河石《旭日东升》

◆国画石《秋色》

李平

李平，一九六六年生，山西省垣曲县蒲掌乡河东村人。山西省收藏家协会会员，中国观赏石协会和国家发改委价格认证中心认定的观赏石价格评估师。现任运城市民间文艺家协会观赏石专业委员会副主任，垣曲县舜王食品有限责任公司董事长，舜王园林绿化工程有限公司董事长，垣曲县奇石盆景协会副会长。

二〇一〇年，开始爱好奇石、始于收藏。期间不畏艰苦，跋山涉水，寻找奇石，特别是收藏的历山「梅花石」如：羊梅吐气石、福猪拱财石、舜耕历山石等形象逼真、栩栩如生，让人叹为观止，堪称奇石精品。

二〇一二年，李平在垣曲县城公园路开办「舜王奇石馆」，二〇一六年十月，迁于垣曲县皋落乡岭回村文化广场，更名为「垣曲精品梅花奇石馆」。

目前，他收藏精品历山梅花石五百块、该馆各种奇石三千余方。曾荣获省、市、县多项奇石奖：二〇一三年，山西垣曲文体广电新闻出版局授予《梅骨》金奖；二〇一四年，山西省垣曲文体广电新闻出版局授予《双猴攀枝》金奖；二〇一五年，首届中国太行奇石博览会授予《羊梅吐气》《梅飞色舞》金奖、《日月同辉》银奖、《太阳神》铜奖。

◆《福猪拱财》

◆《羊梅吐气》

◆《双猴攀枝》

石长军

石长军，一九六〇年生，吉林省桦甸市人。中条山有色金属集团汽运分公司退休职工。现任山西省石文化艺术研究会理事，运城市民间文艺家协会观赏石专业委员会副主任，垣曲县奇石盆景协会和中条山奇石根艺协会会员。

石长军生活工作在中条山，独特的地理环境造就了他热爱大自然、享受生活美的艺术情怀。特别是退休以来，他潜心研究奇石文化，钻研奇石艺术，依托中条山独有的奇石资源，开发创作奇石作品，创办了垣曲首家集开采加工、观赏销售于一体的奇石山庄，五花八门的奇石种类多达百余种，藏石近千余方。

主要代表作有垣曲梅花石、吸水石盆景、黄河石、日月石等。特别是在梅花石、日月石、吸水石盆景制作技艺方面有独特的造诣，成为垣曲县奇石加工创作的艺术领头人，在垣曲县梅花石推介会上，他创作的梅花石作品《绿梅王》《红梅赞》《傲骨红梅》连续三届获得金奖。

◆盆景

◆《绿梅王》

◆《一枝独秀》

根雕艺术

根雕，是以树根（包括树身、树瘤、竹根等）的自生形态及畸变形态为艺术创作对象，通过构思立意、艺术加工及工艺处理，创作出人物、动物、器物等艺术形象作品，是中国传统雕刻艺术之一。根雕工艺讲究「三分人工，七分天成」，意为在根雕创作中，应主要利用根材的天然形态来表现艺术形象，辅助性进行人工处理修饰，因此，根雕又被称为「根的艺术」或「根艺」。

根雕艺术是发现自然美而又显示创造性加工的造型艺术，根艺在中国的发展可谓是源远流长。早在原始社会时期，我们的祖先不仅采用木、玉、骨、石以及贝壳等物制作装饰品，同时也采用树根或竹根制作装饰品。后来一些人便把那奇形怪状的树根，随形就意雕琢成独具审美价值的艺术品，并逐渐形成了根雕艺术，一直流传至今。

根雕文化是中华五千年文化的一种传承，现存最早的根雕作品，是战国时期的《辟邪》和角形器。在一九八二年湖北省荆州地区博物馆清理马山一号楚墓时发现了我国战国时期的根雕艺术作品《辟邪》。据国家文物部门考证，该文物制作于战国晚期，约在公元前三四〇年到公元前二七〇年之间，距今两千三百年左右。其形为虎头、龙身、兔尾的四足怪兽，极富动态神韵，色彩古朴典雅。到了隋唐时期，根艺的发展已经趋于繁荣，《李泌

传》里有李泌用天然树根制作『龙形爪』献给皇帝的记载。清代的根艺作品《玉玲珑麒麟》《凤凰》等更是在上海豫园陈列至今。这些作品利用树根天然的形态进行巧雕，把根雕之神韵表现得淋漓尽致。

根雕的制作一般可分脱脂处理、去皮清洗、脱水干燥、定型、精加工、配淬、着色上漆、命名等八个步骤。选材是根雕制作的第一步，根雕用材必须选择材质坚硬、木质细腻、木性稳定、不易龟裂变形、不蛀不朽能长久保存的树种，如黄杨、檀木、榉木、柏木、榆木等都是根艺造型的上好材质品种。被水淤泥淹没或深埋土中的死根，经数百年碳化形成的古老阴沉根木，其质坚几乎接近化石，更是根艺的佳材。根材造型的选择标准可概括为稀、奇、古、怪四种类型，此类素材在自然界极为难得。只有生长在恶劣环境中的根材，如：背阳生长或生长于悬崖峭壁石缝中，并经雷劈、火烧、蚁蚀、石压而顽强生存下来的树根，由于光照不足缺土少水乏养分，久长不大渐渐变形，年愈久，质愈坚，造型也愈奇崛遒劲，是根艺的理想用材。根材的肌理绺花与盘错瘿疖同属『天成』，都是根雕创作中不可缺少的构成要素。当根材上的疖瘢瘿瘤、韧皮纹脉、显露的肌理色调成为作品形式与题材的构成时，才是根雕造型艺术的表现。因此，根艺创作的构思，必须着眼于最大限度地保护自然之形，溢自然之美，而一切人为艺术再创造的痕迹需藏而不露，这样的作品才能最大限度地体现『人文之精美』。

根雕以其独具匠心、妙趣天成的艺术感染力，深受广大根雕爱好者的喜爱，具有一定的市场和收藏价值。尤其是实用性根雕艺术作品力求简约与神韵相结合，流溢着浓厚的人文底蕴，折射出深邃的哲理光华，妙趣天成，立意深远，于无声处显神奇，具有丰富而清新的艺术表现力和感染力，同时也具有极高的收藏价值，受到越来越多人的青睐。

运城根雕主要分布在夏县、稷山、平陆、垣曲、绛县、闻喜等县（区）。借着当地山高林广、资源丰富、人员聚集之优势，根雕艺人发扬本地特色，追求天然韵味，注重表现根的木色、纹理和着色。特别是关公系列根雕，创作上独具匠心，已形成独特的根雕艺术风格。平陆唐银旺的《关帝圣君像》，高达二米八，宽二米五。此根雕巧妙地利用了根木的原形，具有较高的艺术造诣。

崖柏根雕作为根雕之皇冠，在收藏界享有盛名。它更是讲究意在刀先，着重完整性和造型感。夏县崖柏颜色细腻，触手滑润，细节之处可究可探，且形态天然奇妙、肌理自然美丽，油性硬度均为上上之选，为根雕的第一材料。这里的根雕作品几乎都是上千年的崖柏所制，作品独根成器，原材质色，打磨精细，配器得当，具有极高的观赏和收藏价值。被业界誉为『来自禹都的根雕第一人』孙英吉大师，藏魂在天然，纳灵于神工，将山间旷野或掩埋于地下的一个个形态迥异、造型奇特的崖柏树根，巧妙地修饰，化腐朽为神奇，点化成一件件巧夺天工的艺术珍品。

◆《关帝圣君像》　唐银旺

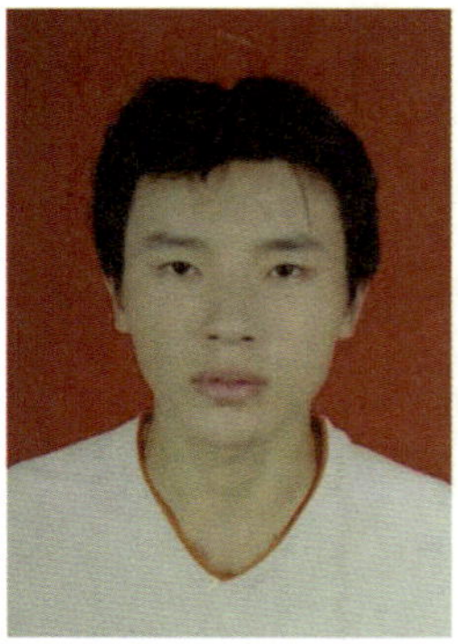

郑光周

郑光周，一九八三年生，山西省平陆县曹川镇任岭村人。现任山西省民间文艺家协会会员，运城市民间文艺家协会根雕艺术专业委员会副主任，平陆县观赏石根雕协会副主席。

二〇〇三年高中毕业后在陕西省渭南市鹏程职业技术学院学习雕刻专业。二〇〇九年起从事专业根雕艺术创作。因他从小酷爱根雕，经县文化局培养，又经老一辈根雕艺人的传授和精心指导提点，他掌握了一定的艺术构思。凭着对根雕的热爱，他刻苦学习钻研，努力提高自己的技能。二〇一一年在平陆县庆祝建党九十周年书画摄影奇石根雕艺术作品大展中，参展作品荣获佳奖；二〇一五年在平陆县纪念世界反法西斯中国抗日战争胜利七十周年大型奇石根艺纪念展中，作品《赵一曼》荣获优秀奖；二〇一五年作品《故乡》在中国运城第二十六届关公文化旅游节暨星河二〇一五旅游美食文化节『民俗文化展』活动中荣获精品奖；二〇一八年十一月，作品《年年有余》荣获第三届山西（运城）国际果博会『河东杯』传统工艺展示金奖，十二月获得二〇一八年中国技能大赛——山西省工艺美术首届『神工杯』工艺品雕刻职业技能大赛优秀奖。

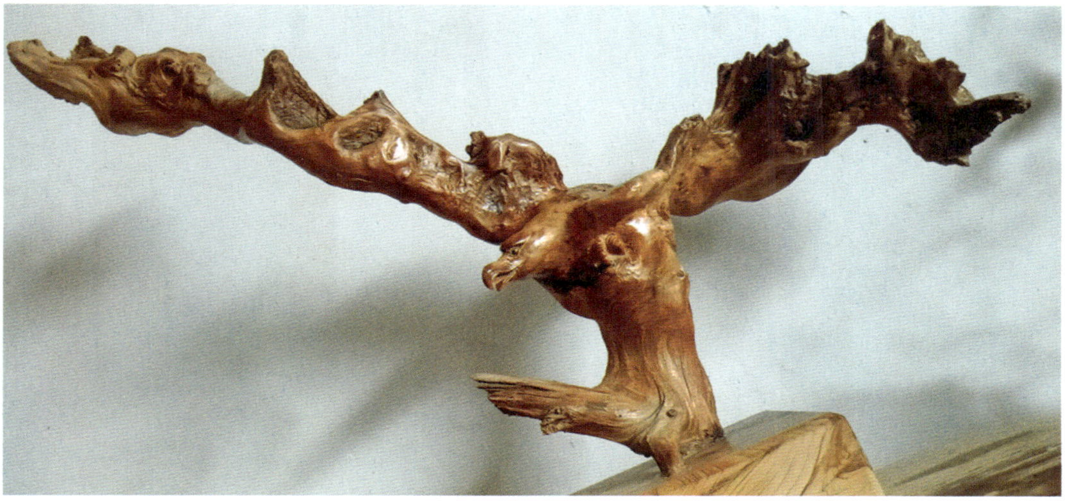

◆崖柏根雕《大展宏图》

◆崖柏瘤花《安居乐业》

◆崖柏《领头羊》

◆崖柏根雕《年年有余》

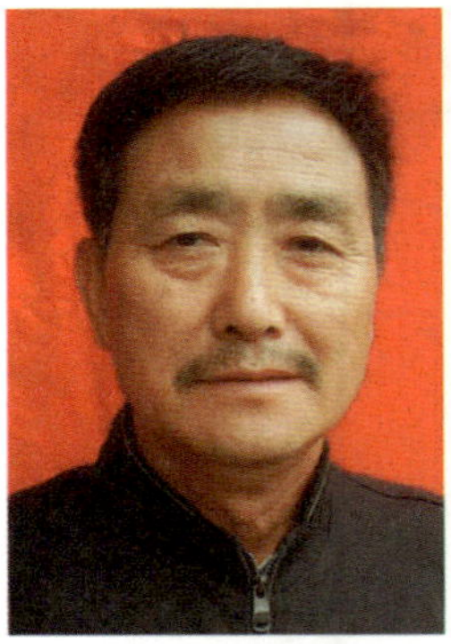

张续堂

张续堂，一九五二年生，山西省闻喜县人。他从小在父亲的传统艺术感染传承下，勤奋好学，刻苦钻研，大胆创新，在画像、根雕、石雕、设计制作、收藏等方面都有一定的成就。作为『老张家根雕行』第八代传人，他在继承传统技艺的基础上经过潜心研究和创新，形成了自己独特的根雕艺术风格，其根雕作品参展屡获殊荣，并得到有关专家和当地群众的好评与喜爱。

二〇一二年，在闻喜县举办的花馍艺术节上，老张家雕塑行创作出百余尊一米八的裴氏宰相将军像；二〇一六年，创作了七点三九米高的鹳雀楼，都被列入世界吉尼斯纪录。有些作品还被文化部《中国艺术通鉴》《中华英才》所收编，多次受到各级领导的肯定，并在电视中播放。

闻喜县老张家雕塑行经过三百余年的历史变迁，具有丰富的文化内涵与重要的历史、艺术和科学研究价值。作品在北京、太原、西安等地都有一定的市场。《人民日报》《农民日报》《山西日报》《山西科技信息报》《运城日报》等十几家新闻媒体都曾对老张家雕塑作品进行过采访报道。二〇〇六年，老张家雕塑行被闻喜县人民政府授予文化大院的称号；二〇一二年，被运城市授予市级非物质文化遗产；二〇一三年，老张家根雕行第八代传人张续堂被运城市人民政府评为民间工艺美术大师。

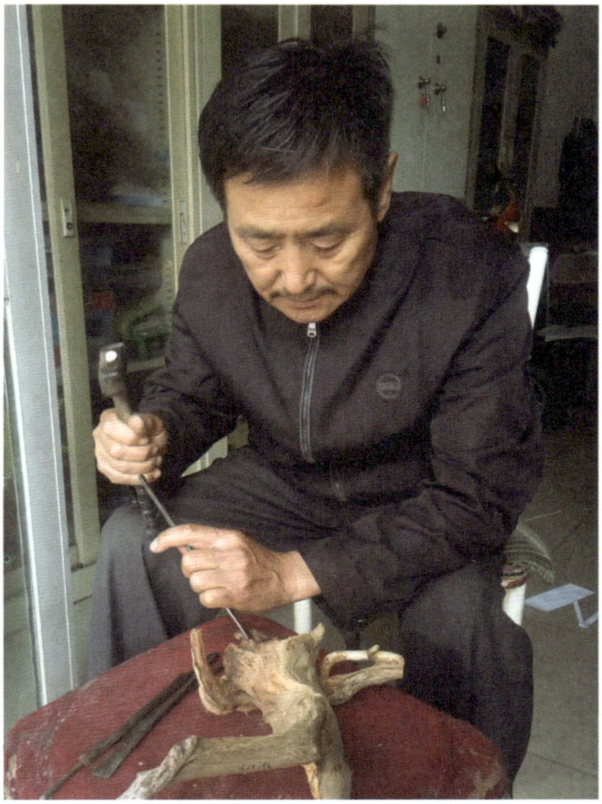

◆崖柏《嫦娥奔月》

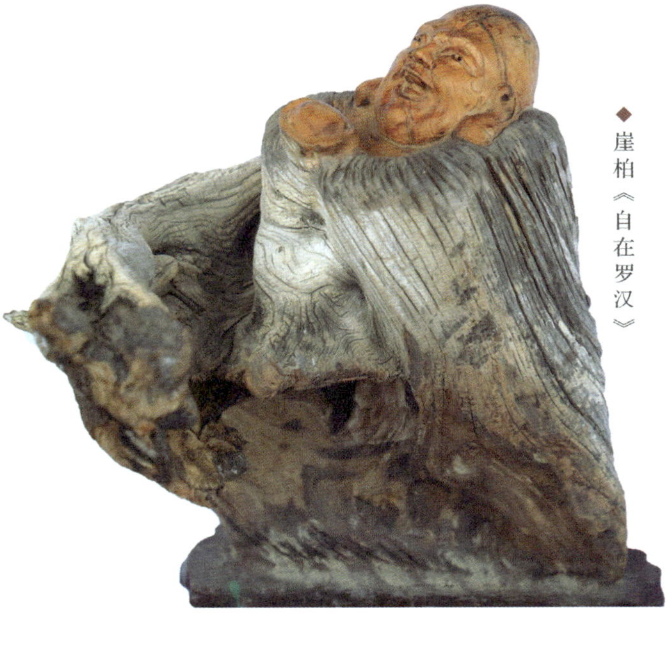

◆崖柏《自在罗汉》

◆崖柏《达摩》

侯天来

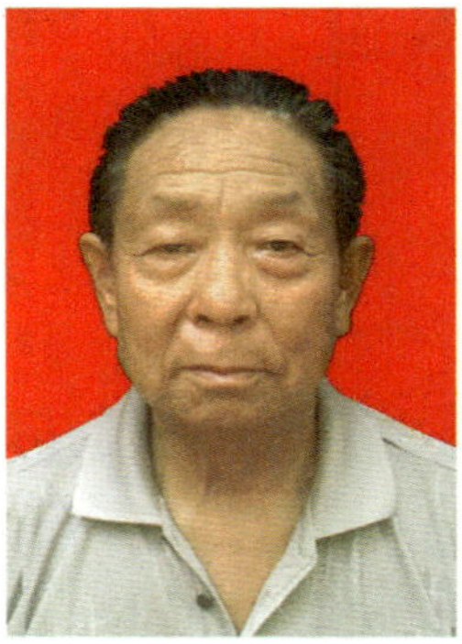

侯天来，一九四八年生，山西省运城市盐湖区解州人，是一位以雕刻关公像而闻名的民间艺术家。

自小喜欢美术，在校进行学习。毕业后，走村串巷，为乡亲们油漆家具、画炕围画及碳精画人像，常被村民请去搞村史家史之类的版画。二十七岁时进行雕塑创作。改革开放后，侯天来的木雕、花雕、根雕等深受好评，产品木雕、花雕、根雕《关公观春秋》《关公骑马挑袍》、木雕关公神龛、刀楼、印楼等远销日本、新加坡等国家和台湾等地。

一九九一年，参加运城市民间文艺家协会，一九九二年参加运城市关公研究会，均任理事。二〇〇二年盐湖区文化文物旅游局授予他「民间艺术家」称号。二〇〇九年中共运城市盐湖区委和政府授予他「文化产业发展先进奖」。

一九九二年七月参加平陆县西祁村周仓古庙大型塑像的修复工作；一九九三年二月被收入《中国民间名人录（中卷）》；一九九六年七月，台湾《山西文献》第四十八期刊文《农民雕刻家侯天来》；一九九七年《山西政协委员名录》（第一集）对其进行了介绍。

◆木雕《关圣帝君》《关夫人》

面人、糖人艺术

捏面人也称面塑，是一种制作简单但艺术性却很高的传统民间工艺。它是以面粉、糯米粉为主要原料，加上色彩，石蜡、蜂蜜等，经过防裂、防霉处理，制成柔软的各色面团。捏面艺人根据所需随手取材，在手中几经捏、搓、揉、掀，用小竹刀灵巧地点、切、刻、划，塑成身、手、头面，披上发饰和衣裳，顷刻之间，栩栩如生的艺术形象便脱手而成。

面人作为一种民间生命力极强的造型艺术，具有造型夸张、手法简练、注重神情、色彩艳丽、作品完整饱满的特点，是老百姓喜闻乐见、能反映民众生存能力、含有自然之美、原汁原味的民间乡土艺术。它流行于整个黄河流域，甘肃、宁夏、陕西、内蒙古、山西、河南、河北、山东都有制作面人的习俗，且各地叫法不一，形态各有特点。过去在京津一带，捏面人的手艺以张明山和郎绍安最具代表性，因而有『天津的泥人张，北京的面人郎』一说。

从文献资料来看，中国的面塑艺术早在汉代就已有文字记载，到了宋代，捏面人已成为民间节令广泛流行的习俗。相传三国时，诸葛亮为招抚西南少数民族，在南中『七擒孟获』，使孟获对他心悦诚服，说服各部落归顺蜀汉。诸葛亮班师回朝途中经过泸水，在准备渡江时，突然狂风大作，浪击千尺，大军无法渡江。孟获讲，这是阵亡将士的冤魂在此兴风作浪，必须用四十九颗人头祭江，方可风平浪

静。诸葛亮心想：两军交战死伤难免，岂能再因过江杀人？他即命厨子以米面捏塑出四十九颗人头，陈设香案，洒酒祭江。从此，诸葛亮被尊奉为面塑行业的祖师爷。南宋《东京梦华录》中对捏面人也有记载：『以油面糖蜜造如笑靥儿。』那时的面人都是能吃的，谓之『果食』。宋元时期，民间较大的宴会，常在入席前，利用面粉捏制各种人物鸟兽，供客人们观赏，作为一种席前招待。到了明末清初，每逢庙会赶集时，就会有背着长架小箱的捏面人师傅出现，以各色面捏成人物虫鸟。这种流行于民间的活动，造就了大批的能工巧匠，世代相传，流传至今。如今，捏面人在北京的庙会上仍旧常见，他们以蒸熟后着色的面团为原料，当场捏成各种戏剧人物和飞禽走兽，惟妙惟肖，这个行当以『面人汤』汤子博、『面人曹』曹仪策、『面人郎』郎绍安最为知名。他们在发展北京面塑的基础上，形成了各种不同的艺术风格。外国旅游者在参观其面人制作时，都为艺人娴熟的技艺、千姿百态且栩栩如生的人物形象所倾倒，称北京面人为『中国的雕塑艺术』。

面人兴盛于民间，流传于民间。面人作为世代相传的民间艺术，其形式、用途、色彩都与当地的民俗活动、民俗风情紧密联系，具有特定的艺术价值。各种民俗活动的需要，更是促进了面人艺术的发展。面塑的形象多是传统戏曲、四大名著、民间传说、神话故事以及十二生肖和其他动物，如：刘备、关羽、张飞、福禄寿、八仙、嫦娥、哪吒、唐僧师徒、杨家将、水浒英雄、十二钗、白毛女、葫芦娃等。当然，时尚因素也会影响面塑的创作，如二〇〇八年北京

奥运会的吉祥物「福娃」造型就被面塑艺人们捏制出来，且销路甚好。面人因为体积小，便于携带，又经久不霉、不裂、不变形、不褪色，为旅游者所喜爱，也是馈赠亲友的佳品。

山西面人以浓郁的地方韵味、朴素的民间市井文化，吸引着众人的目光，成为一种独有的地方民俗。它造型夸张生动，用色明快大方，风格粗犷简练，并富有雅拙的美感，而且有着鲜明的地方特色。「彩色面塑」被称为山西民间一绝。它是以蒸熟后着色的面团为原料，通过非食用的，防腐、防干裂、易存放的配比方式调配，用艺人灵巧的双手，捏制出精细的、生动的、有故事情节的、有文化内涵的具有观赏意义的面人艺术品。这个行当以「河东面塑王」董金龙最为知名。他创作塑造的四大名著以及杨家将、岳家兵等古装戏剧中的三百多个人物，形象逼真，栩栩如生，十分招人喜爱。

同捏面人一样，吹糖人也是一种民间老手艺，前者是指尖上的艺术，后者是嘴上高妙的吹功。吹糖人的一双手、一张嘴，将大千世界、人间万象演绎得出神入化，活灵活现。其实，捏面人和吹糖人都是中国传统民间手艺，每创作一件作品都需付出智慧与心血，有非常强的艺术欣赏和收藏价值。然而这种特殊的民间艺术形式，到如今虽成了「非遗」技艺，却鲜有人在坚守。面对这些渐行渐远，却流传已久的传统绝学，需要传承的不仅仅是一门手艺，更多的是和技艺融为一体的匠人之心。

◆面人《西游记》人物　董金龙

◆面人《五子登科》　赵锐

◆糖人《十二属相》　师林林

董金龙

董金龙，一九五一年生，山西省万荣县皇甫人。人称『面人董』，是一位享誉河东的面塑艺术家。运城市民间文艺家协会面人糖人专业委员会主任。

作为一名街头艺人，多年来，他骑着自行车跑遍了运城市十三个县、市，走遍全国十一个省五百多个县、市。他走到哪里就在哪里摆摊，当场捏成各种戏剧人物和古装人物，个个惟妙惟肖，深受广大群众特别是孩子们的喜爱。从艺四十多年来，他创作塑造的四大名著以及杨家将、岳家兵等戏剧人物形象三百多个，这些古装人物面人色彩鲜艳，栩栩如生，有着浓郁的生活气息和地方特色。他的彩色面塑被称为『河东一绝』。

作为万荣『非遗』面塑艺术家，现在的他成了省里民间工艺的一张『名片』，作品曾屡屡出现在民间艺术团体举办的展馆中，并多次代表山西省去外省、台湾地区以及越南等国家表演展出。二〇〇九年，他的作品参加了在太原举行的中国（山西）特色农产品交易博览会，并获得民间艺术展银奖；二〇一〇年六月，在北京参加了首届中国农民艺术节，中央电视台《新闻联播》作了报道；二〇一八年九月，首届中国农民丰收节，他受邀在北京主会场表演；他的『绝活儿』曾多次在中央电视台、山西电视台、陕西电视台、运城电视台及多家县、市级电视台予以展示和介绍；新华社、《山西日报》《陕西日报》《运城日报》《太原晚报》等多家媒体的记者也对其作过采访报道。

从艺四十多年来，他获得过许多荣誉：二〇〇七年四月，获万荣县乡土文化英才；二〇〇八年春节，获万荣民间绝活艺术家，四月获市级非物质文化遗产；二〇一一年三月，获运城市民间文化工艺大师，八月获市级非物质文化遗产代表性传承人。

◆董金龙老师捏的戏剧人物面人形象生动又逼真

荆卫定 摄

◆董老师喜欢一边捏面人一边与小朋友交流

荆卫定 摄

赵锐

赵锐，一九八九年生，山西省万荣县人。二〇一一年从北京人文大学美术设计专业毕业后，便回到家乡创业做面塑。怀着对面塑的热爱，他分别去北京、天津、西安、太原等城市拜名师学技艺三年，不仅熟练掌握了捏、搓、揉、掀、点、切、刻、划等众多面塑技法，更是集大家之所长，将传统技艺与现代美学相融合，形成新派面塑，制作了很多充满现代气息的作品，如：《小黄人》《KT猫》等。二〇一三年初，他开起了自己的面塑淘宝店「捏塑世家」。现在成品百余件，销于广东、上海、台湾等地。年末作品《老北京兔儿爷》，在网上被日本一位收藏家订购，其作品首次走出国门，销往海外。

为更好地传承万荣民间面塑艺术，二〇一四年，他办起了「万荣面塑研究所」，组织培训年轻人学习面塑技艺，培养面塑能手；二〇一四年七月，赵锐被授予省级非物质文化遗产项目万荣面塑市级代表性传承人；二〇一五年，赵锐面塑作品走进《艺术中国》，并在中国教育频道播出；二〇一六年十月，荣获运城市非物质文化遗产传统技艺大赛银奖，作品《单刀赴会》荣获优秀作品奖；二〇一七年六月，作品《猛虎上山》荣获黄河金三角花馍邀请赛三等奖；二〇一七年十一月，作品《关公巡城》荣获第二届山西国际博览会「河东杯」传统工艺精品铜奖；二〇一八年四月，被运城总工会授予「运城市河东工匠」荣誉称号；二〇一九年三月，入选「二〇一八年度「三晋英才」支持计划」青年优秀人才。

◆《老寿星》

◆《自在菩萨》

◆《门神秦叔宝》

◆《门神尉迟恭》

师林林

师林林，一九九〇年生，山西省临猗县角杯乡西张村人，临猗县非物质文化遗产吹糖人技艺传承人。

从小跟着爷爷学吹糖人这门技艺，在爷爷的亲自指点和精心培养下，师林林十七八岁时就能够自己上街摆摊。一次偶然的机会，他受到电视上宋丹丹老师说的一句经典台词：『下蛋公鸡，公鸡中的战斗机』的启发，经认真研究，第二天，他就在街上吹《下蛋公鸡》，当金黄色的鸡蛋慢慢出来之后，边上的小娃们又蹦又跳又鼓掌。他感到了互动的重要性，于是，就研究如何让顾客自己吹，让他们自己体验吹糖人的过程。随后他又延伸出盲吹、后背吹糖人等具有表演形式的吹法。凭借着这些特色技艺，二〇一三年，他被邀请在山西慈善世家李家大院表演吹糖人。二〇一七年十月，在郑州首届『非遗』民俗文化节上，获表现突出奖；二〇一八年九月，在北京参加首届农民丰收节；同年，在运城印象袁家村表演吹糖人，很多游客都被他的表演所吸引；特别是运城民协在运城市关王庙举办的『二〇一九迎新春河东民俗文化展』上，他现场表演吹糖人，不仅制作了活灵活现的《石榴》《金鸡》《大虾》等作品，还创新技法，将双手背后吹制了一只金猪，为大家送上祝福，赢得阵阵掌声。这样的民间技艺让观者连连称奇。

守艺传承，革新前行。现在，师林林通过直播的形式，让更多的人在家里就能欣赏到吹糖人这门民间艺术。同时，在直播平台上他收了很多徒弟，每天直播吹糖人表演教学。作为非物质文化遗产传承人，他在努力把吹糖人这种独具特色的民间技艺发扬光大。

◆ 全神贯注、别具匠心

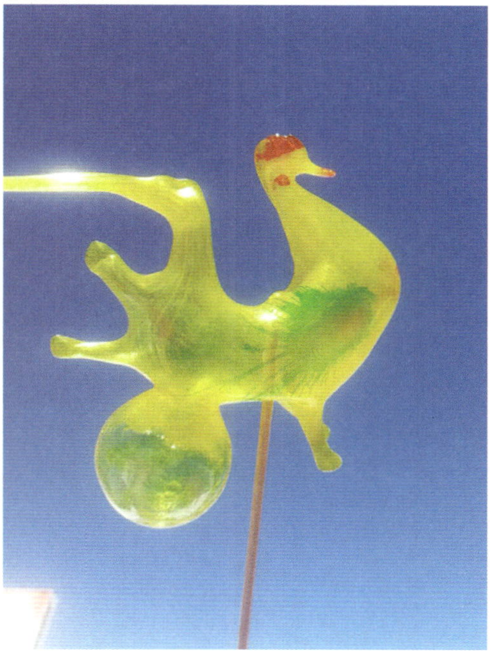

◆《下蛋公鸡》

◆ 与小朋友互动吹糖人

闻喜花馍

闻喜花馍是山西省运城市闻喜县的汉族传统名点，是人工用面粉做成的各种样式的馒头，因花式各样，从而命名为花馍，俗称「花花馍」。闻喜花馍盛行于明清，传承发展到今天，逐渐形成其独特的艺术风格和完整的创作体系，具有丰富的文化品位和浓郁的地方特色，被称为「指尖上的艺术，蒸出来的美食」。二〇一八年「闻喜花馍」以《山西闻喜花馍——演绎麦田好故事》，入选中国民间文艺家协会出版的《大美手艺——当代名家名作》(二)，展现了中国当代手工艺面花的最高水准。

「闻喜花馍」源远流长，迄今已有一千七百多年的历史，闻喜被称为「花馍之乡」。在数千年的传承与发展中，闻喜花馍不仅被注入了丰富的文化内涵，还形成了独特的制作技艺。闻喜花馍传承发展到今天，已拥有「花糕」「花馍」「吉祥物」「盘顶」四大系列二百多个品种，逐渐形成独特的艺术风格和完整的创作体系。二〇〇六年闻喜花馍入选《山西省级非物质文化遗产名录》。二〇〇八年被列为第二批国家级非物质文化遗产，并于二〇一〇年在上海世博会展出。在二〇一二举办的「中国·闻喜花馍文化节」上创造了四项世界纪录。

闻喜花馍是民俗文化宝库中独具艺术魅力的国家级非物质文化遗产，其制作工艺相当讲究。从麦子的筛选、晾晒到面粉的加工，

从制酵、发面到捏形、蒸制，以及着色等无处不精益求精。要做出一个像样的花馍，至少需要九个大工序，即：凝水、箩面、制酵、揉面、捏形、醒馍、蒸制、着色、插面花，一百多道小工序，全靠手工揉捏而成。

一、原料：闻喜花馍的制作原料以北垣面为主。闻喜县北垣地处峨嵋岭腹地，这里地势高、光照充足，小麦生长周期长，粒大饱满，麦质优良。用此地小麦面做出的馍，清香筋道、营养丰富，吃在嘴中，甜中带香。而真正的闻喜花馍除了选用北垣这上好的面粉外，还要用这里的水和面，因为北垣地势较高、水位深、水质好，所以只有用北垣面粉和北垣水制作的闻喜花馍，口感才最好。

二、制作：制作花馍用的面粉，在过去用石磨磨面时，小麦磨面一般都要磨两到三茬，而这花馍用的一定是头茬面，并且要过最细的面箩筛。现在则选最好的精粉。闻喜花馍不用发酵粉发酵，而是用面酵，制作花馍时，要提前一个晚上发『酵水』，第二天将发开的酵水和面粉搅拌，加水起面、揉面。艺人们揉面，最少不低于八遍，揉出的面光滑而有弹性。现在，不少艺人和面时在面粉中掺入适量的醋，蒸出的花馍白亮、光滑，还有的加糖水或牛奶、蜂蜜，这样花馍不易干裂。接下来就是捏花馍了。制作工具为擀面杖、剪刀、梳子、菜刀、镊子、竹签等，制作手法包括：搓、团、捻、擀、剪、切、扎、按、捏、卷等十多道工艺，捏花馍没有教材，也没有什么图样，全凭一代代艺人口传心授。

不论人物形象还是飞禽走兽，其构思巧妙，造型优美，件件栩栩如生，令人叹为观止。

三、醒馍：『醒馍』也就是俗话说的让馍发发虚。是把捏制好的面塑品放在热笼圈里，再在笼圈中间放一碗热水，用棉褥盖严，保持适当的温度和湿度，使花馍制品不变形、不干裂、湿润光滑。待馍发虚后，即可上笼蒸制。花馍上笼蒸制时也很有学问，如开水上笼、急火上气、笼圈封严、不忘放气、大小分蒸、落气出笼等一整套经验。

四、着色：花馍出笼后，最后一道工序是趁热着色。这样会使颜色艳丽，不易褪色。待上好色晾干，还需要用竹签把辅助的部分与衬托的花瓣等进行组合，至此，一个个构思巧妙、造型别致、色彩艳丽的面塑制品便呈现在人们面前。

『面花·闻喜花馍』是一种高品质的民间面塑艺术，除了食用外，还具有很强的艺术性和观赏性，被广泛用于节日、婚嫁、寿诞、丧葬、上梁、乔迁等庆贺、祭祀活动中，堪称『可以食用的艺术品』。在闻喜农村流传着这样一句话：『有馍就有事，有事就有馍』。在数千年的传承与发展中，闻喜花馍被广泛使用于民间的各种重大节庆礼仪活动，它始终和百姓的民俗文化息息相关。如：婚庆嫁娶、生日满月、祝寿贺喜、开业庆典、礼品赠送等，从而形成了节日花馍、婚嫁花馍、寿诞花馍、丧葬花馍、上梁花馍、乔迁花馍等较为完整的花馍体系。现在

的花馍民间艺人，在技艺不断进步的同时，更是不忘时代赋予他们这些手艺人的责任。在传承的基础上不断创作出与时代相吻合的作品，让具有丰富文化品位和浓郁地方特色的闻喜花馍，变成各式各样造型逼真、栩栩如生的艺术品，以演绎麦田好故事，传播喜文化，唤起人们心中的乡土情结。

朱雪冰

朱雪冰，一九七四年生，山西省闻喜县人。出生于花馍世家，从小喜欢花馍制作，大学毕业后潜心于花馍艺术和花馍文化研究。擅长花、鸟、鱼、兽制作，其代表作有《中华龙王宴》《龙凤呈祥花糕》《二龙戏珠》《松鹤延年》等。二〇一五年七月，她与马来西亚食品企业共同创办的「朱氏花馍旗舰店」正式营业；二〇一六年五月，国家级非物质文化遗产「朱氏花馍」在CCTV新闻频道和《共同关注》栏目进行了系列报道。

「闻喜花馍」迄今已有一千七百多年的历史，二〇〇八年被评为国家级非物质文化遗产，被广泛应用于民间的各种重大礼仪活动。其工艺以优质面粉为主，制作工具以剪刀、梳子、菜刀等为主，制作手法为切、揉、捏、揪、挑、压、搓、拨、按等，构思巧妙，造型优美，不论人物形象还是飞禽走兽，件件栩栩如生，令人叹为观止。为了挖掘闻喜花馍的文化内涵，让「朱氏花馍」走向世界，朱雪冰本着「只有自强才有自我」的精神理念，一直坚守着。

◆二〇一七年六月，山西旅游文化节在雁门关举行，“大运之城”运城市赠送给忻州市的花馍《心灵之舟》

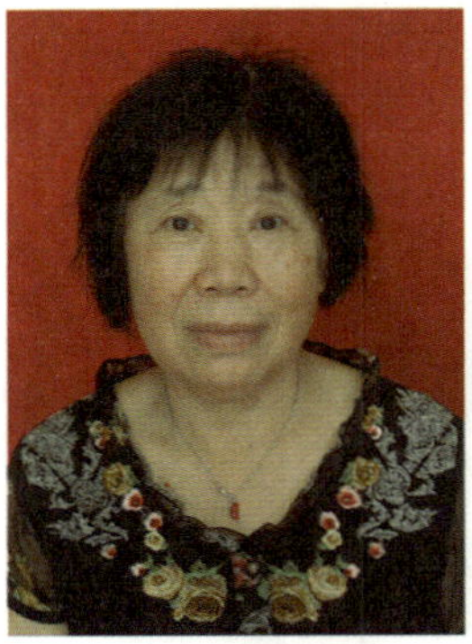

董巧兰

董巧兰，一九五四年生，山西省闻喜县人。运城市民间工艺大师。自小跟随祖母、母亲学习花馍制作技艺，几十年来，在琢磨钻研的基础上，虚心向当地花馍能手学习，使花馍制作技艺有了长足的提高。她可以根据现实活物设计图样，发挥自己的想象，利用传统技艺，能捏制花草、动物、人物等各种花馍作品，构思巧妙，造型优美，栩栩如生，能满足当地民俗的各种活动需求。

二〇〇九年花馍作品参加在北京举行的全国『非遗』展览；二〇一〇年花馍作品参加上海世博会；二〇一一年花馍作品参加北京的百名『非遗』传承人技艺展示；二〇一一—二〇一三年花馍作品参加了深圳文博会；二〇一三年赴澳门参加『春意万象满山川』文化节，同年，花馍作品《百寿花糕》参加蒙古国『黄土情非遗展』文化节；二〇一四年花馍作品《鱼跃龙门》等参加美国『中国风情节文化产品展』。

《鱼跃龙门》

《九凤朝阳》

杨婷枝

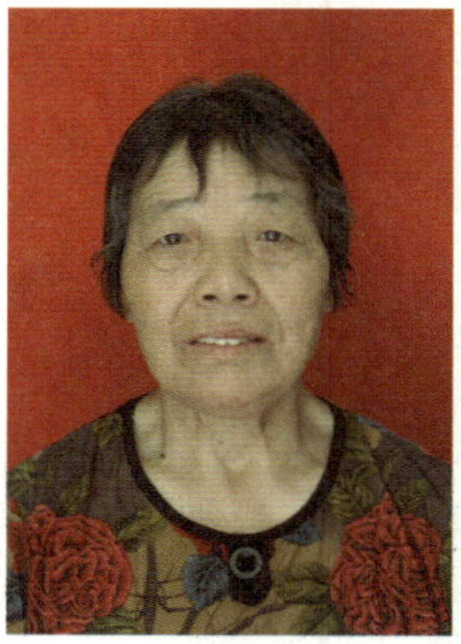

杨婷枝，一九四七年生，山西省闻喜县人。自幼跟随母亲学习花馍制作技艺，通过和其他花馍艺人的交流、沟通、学习，不断精益求精，在传统基础上加以创新，制作的《龙凤呈祥》《九世同居》《四季平安》《梅兰竹菊》《十二生肖》等花馍花糕，多次参加各种大型花馍评比展览活动。经常参展交流学习，使其在花馍花糕制作技术上有了很大的提高，制作的动物惟妙惟肖，植物栩栩如生。

曾荣获运城市民间工艺品大师等称号。二〇一二年与卫嫂食品公司合作的《盛世腾龙》作品，参加了『中国·闻喜花馍文化节』，并获得『闻喜花馍产业带头人』称号。

◆《龙凤呈祥》

◆《九狮同菊》

云雕漆器

云雕，又名剔犀，是雕漆工艺的一种，因其图案多以回旋生动、流转自如的云纹回钩组成，故称「云雕」，是我国漆器工艺中的珍品。《髹饰录》中载：剔犀有朱面，有黑面，有透明紫面。或红间黑带，或雕点等复，或三色更迭。剔犀以重圈、回纹、云钩等纹样为主，山西一带称其云雕。好的云雕作品精细雅致、纹饰生动、层次分明、光泽温润，在中国历代都为上流社会及贵族阶层所独享。故宫博物院藏有元代云纹剔犀盘、明代葵瓣式剔犀盘，以及清代瓷胎剔犀瓶。

据《山西通志》载，剔犀始于唐代，距今有一千二百多年的历史。其最大的特点是使用黑红两种色漆有规律地逐层髹涂百余遍，在达到足够漆厚的胎骨上剔刻唯美、流畅的卷草、云纹等线条，刀口断面清晰地显露出不同颜色的漆层，充满灵动之美。剔犀漆器用材精良、工艺繁杂、制作困难、生产周期长，是我国现有漆器工艺中最复杂、最珍贵的一种。

对剔犀名称的由来，有不同的说法。清人邓之成谓：仿自犀牛肚脐之纹。因为肚脐的四周仿佛有相对的兽面纹，居中有一圈眼，当其在坐卧起伏时，经常互相磨砺，久则成为华丽的纹彩。西域人把它挖下来，作为腰带上的装饰，极为珍贵。但因来源稀少，于是人们就仿照它的式样用漆制造，遂有剔犀之称。

《中国书艺美术大辞林·地方传统工艺分布》上记载有『新绛「云雕」』。作为中国漆器文化遗产中颇为珍贵的一个种类，『云雕』工艺始于唐代，在明朝时期达到第一个鼎盛时期。当时主要供宫廷使用，民间极为少见。清朝末年，皇室衰败，战乱频发，宫廷艺人组织纷纷解散，流落民间。而当时的绛州正处于工商业的兴盛期，享有『南绛北代』的美称，并被誉为七十二行城，城内店铺林立，商贾云集。在这种背景下，宫廷云雕艺人纷纷汇聚于此，重操旧业。在清末民初，至二十世纪三十年代初，新绛已有王思恭、赵普元、薛仙基、王小虎等十二家漆器作坊。

绛州的云雕技术由浙江传入，在本地改良后，形成现在的工艺流程。新绛云雕是一种饰有五彩祥云图案的特色传统雕漆工艺品，它的造型古朴雅致、漆光晶莹照人、雕刻精细入微、图案层次鲜明。特别是云雕案桌，那绮丽多姿的彩云图案宛若天上的祥云在徐徐飞动，形象逼真，巧夺天工。它是中国漆器工艺中的珍品，在国内享有很高的声誉。新绛云雕以其精湛独特的技艺、古朴典雅的造型而闻名于世，二〇〇六年，『绛州云雕制作工艺』被列为『山西省非物质文化遗产项目』。二〇一一年，山西『绛州剔犀髹饰技艺』被列为『国家级非物质文化遗产项目』。

『绛州剔犀』属于漆器中的雕漆工艺。此种工艺是用黑红两色特制天然大漆在特定的胎体上有规律、有层次地反复漆涂，累积到一定厚度再用刀加以剔刻，雕刻时刀锋呈『V』字形，刀口均匀圆润，雕刻后的斜面露出不同层次的纹理，黑红交替随着纹

饰的轮廓回转，通过打磨后再用手心沾植物油、砖灰、面粉反复推磨，显出光泽，因刀口断面清晰，层层漆纹大都以回旋生动、流转自如的云纹组成，又俗称「云雕」。因其技艺繁杂、独特的手工技艺难以掌握、工艺周期半年到两年，以及大漆的难得等，而几经面临失传之危，更能彰显「绛州剔犀」漆器的珍贵。

山西省新绛县作为「云雕漆器」的发展重地，曾经有十多家漆器作坊，而现在掌握传统技法的漆器厂则少之又少。一九五八年，新绛县委、县政府为恢复云雕往日的光彩，让这一从宫廷流传出来的艺术获得重生，召集从事云雕漆器生产的民间艺人，成立了新绛工艺美术厂，在继承的基础上将「云雕」这一工序繁杂、制作艰难、生产周期长的工艺进一步发展和创新。近年来，为了让传统工艺薪火相传，新绛县的漆器大师何俊明、何鹏飞父子，梁高虎、梁杰父子等反复研究古代作品，最终成功复原了千年云雕工艺，开发出了高档云雕家具系列、礼品系列、文房四宝等十二个系列的千余种产品。为了保护和传承剔犀工艺，他们一直坚持沿用古法来熬制大漆，严格遵守制漆流程，保证了大漆云雕工艺的纯正技法。现在，新绛剔犀的工艺及器型，在保留传统精华的基础上不断与现代装饰艺术融合，使这门古老的艺术能够适应社会发展和人们生活的需要，重新焕发出新的光彩。

◆云雕漆器象棋　何俊明

◆云雕漆器茶儿　梁　杰

何俊明

何俊明，一九六四年生，山西省闻喜县人。国家级非物质文化遗产剔犀技艺传承人，山西省工艺美术大师，山西省民间艺术大师，新绛县黄河云雕工艺厂厂长兼总工艺师。

一九七九年，年仅十五岁的何俊明进入当时的国营山西省新绛县工艺美术厂工作。从最基础的普通工人做起，凭着对剔犀工艺的热爱和勤奋好学的精神，他用了十几年的时间，掌握精通了高难度特种漆艺——『剔犀』的全套生产制作工艺流程。改革开放后，国营老厂濒临倒闭。一九九二年他自筹资金开办了黄河云雕工艺厂，专门从事绛州剔犀技艺的研发和传承工作。通过二十多年的努力和发展，二〇一一年『绛州剔犀』漆器工艺正式成为国家级非物质文化遗产保护技艺，何俊明本人也成为这一工艺的代表性传承人。多年来，为使剔犀漆器工艺能长久流传下去，他致力于漆文化的推广和传播，先后与山西大学、沈阳鲁迅学院、中央工艺美术学院等多家知名院校建立合作机制，为大学生提供实习、创作、交流的平台，使更多的年轻人投身于漆文化和传统工艺的保护、推广事业中，为中国传统漆器工艺的传承和发展做出了应有的贡献。

二〇〇六年九月，山西省民间文艺家协会评定何俊明为山西省民间艺术大师；二〇〇六年十月，山西省民间文化遗产抢救工程委员会授予何俊明山西省民间文化遗产杰出传承人；二〇〇八年十二月，何俊明被评为山西省工艺美术大师；二〇一一年六月，何俊明成为国家级非物质文化遗产剔犀技艺传承人；二〇一五年三月，作品剔犀龙纹几荣获漆花杯金奖；二〇一六年五月，荣获『国匠荣耀·传承奖』等。

花觚

仿元张成盒

六角宝相莲花盒

何鹏飞

何鹏飞，一九八六年生，山西省闻喜县人。市级非物质文化遗产传承人。自幼随父亲——『非遗』国家级代表性传承人何俊明大师学习绛州剔犀技艺至今。

由于生活在一个剔犀漆器艺术的氛围中，何鹏飞从小就对漆器艺术产生了浓厚的兴趣，在跟随父亲对漆艺接触和学习后，更坚定地选择了传统手工艺的道路并真正开始了自己的剔犀漆艺生活。在经过了现代美院教育和传统文化熏陶后，他选择跟随父亲继续学习研究『绛州剔犀』技艺的制作。为了保护和发扬传承剔犀工艺，他从古法熬制大漆开始，学习了传统髹漆技艺、传统云纹绘制、雕刻、推光等各项技艺，并严格按照传统手法制作，保护了这项工艺的纯正技法与艺术。二〇一二年，成立绛州漆器研究所，专业从事剔犀技艺的研发和保护工作；二〇一七年，成立剔犀技艺创新工作室，为绛州剔犀技艺的发展和创新，赋予了更广泛的当代艺术元素和现代文化内涵。

◆ 连理杯

◆《丰收》茶叶罐

◆ 茶台、茶壶

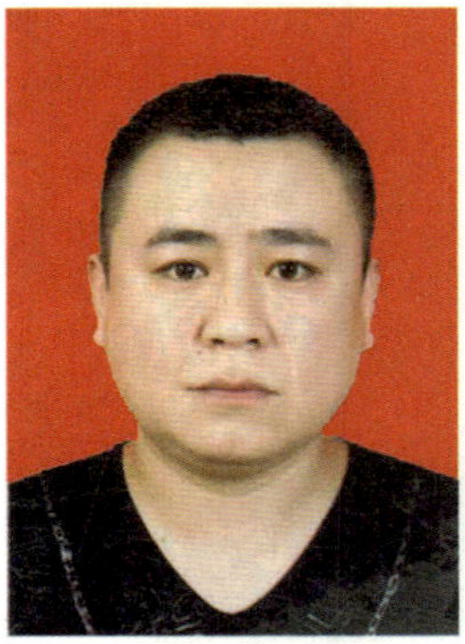

梁杰

梁杰，一九八一年八月生，山西省新绛县人。山西省青联委员、运城市工艺美术大师，现为山西省新绛县大唐云雕漆艺厂董事长。

二〇一〇年三月，云雕《鼓》荣获『金凤凰』创新产品设计大赛金奖；漆画作品《盛夏的果实》入选『二〇一一·中国漆画艺术精品展』；脱胎大漆瓶《岁寒三友》在第十二届中国工艺美术大师作品暨国际艺术精品博览会上获得二〇一一『天工艺苑·百花杯』中国工艺美术精品金奖；二〇一二年为人民大会堂设计制作了大型脱胎剔犀瓶，剔犀卷几在首届工艺美术精品博览会上获得二〇一二年『晋艺杯』银奖，剔犀花瓶《飞燕》在山西省首届漆艺精品博览会荣获金奖，剔犀卷几参展中国工艺美术大师精品博览会，《儒仕儒家》荣获二〇一二『百花杯』金奖；二〇一三年云雕漆艺茶桌《和》荣获山西首届文博会金奖；剔犀古琴盒在第四十九届全国工艺品交易会获得二〇一四年『金凤凰』创新产品设计大赛金奖，漆器茶几《荷》荣获深圳文博会中国工艺美术文化创意金奖；云雕漆器《茶海》荣获二〇一五年『金凤凰』创新产品设计大赛金奖；云雕《鼓》荣获二〇一七年『金凤凰』创新产品设计大赛金奖。

◆ 云雕圆盒《收纳盒》

◆ 鼓桌、鼓凳《岁寒三友》

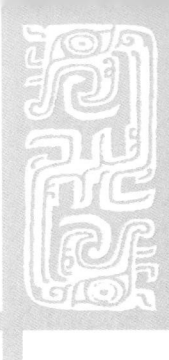

螺钿漆器

螺钿，又称「螺甸」，是一种用螺壳与海贝磨制成薄片，根据画面的需要而镶嵌在器物表面的装饰工艺，是一种最常见的中国传统装饰艺术。根据材质不同、所使用的贝壳片有厚有薄，螺钿工艺可分为厚螺钿和薄螺钿两类。厚螺钿一般呈白色、牙黄色，只宜于镶嵌在家具和胎骨较厚的漆器，又称硬螺钿；而薄螺钿可泛出红、粉、蓝等美丽的色泽，色彩异常绚丽，又称软螺钿。所谓薄螺钿，是通过精心选用夜光螺等优质贝壳，将其剥离、裁切成纤细的点、线、片，然后一点一点地嵌贴于漆器底地上，有时还间以金、银的条、片、屑等，再经髹饰、推光而成。作品五光十色，灿若虹霞，精致纤巧。

中国是世界上最早使用漆器的国家，早在距今约七千年前的河姆渡时期就有了漆器。镶嵌螺钿漆器作为漆器工艺的一种，最早可追溯到西周时期。西周时期螺钿漆器的代表作是北京琉璃河燕国墓发掘出来的豆、觚、壶、杯等多件螺钿漆器，磨制和镶嵌技法甚为精湛，具有很高的艺术价值。唐代开始兴盛，螺钿髹饰技法有了新的发展，相继出现了金银平脱工艺、镶嵌螺钿漆器工艺、戗金工艺等，都自成一格，成为后世漆制品的典范。尤其作为铜镜背面的装饰，大放异彩。代表性的实物有一九五五年在河南洛阳唐墓中发现的人物花鸟纹镜。在明清两代，镶嵌螺钿漆器又饰以金银箔和金

银屑，使之更为绚丽。但清末，此技艺开始衰退，几近失传。

稷山嵌螺钿漆器是中国传统漆器的一种，其制作技艺源于唐代嵌螺钿制作工艺。它在用料方面颇为讲究，使用天然大漆、螺钿（软、硬）、贵金属和木、纸等原料。在稷山县北部山上生长着天然的漆树，从它身上割取的是我国先民最早使用和掌握的天然涂料，即天然大漆。稷山大漆嵌螺钿技艺最早出现在清末，《稷山县志》中记载有：『稷山博物馆藏历代工艺品三十余件，大部分为明清制品，其中有清代螺钿瓶等均为代表作』，在稷山县文物保护中心存有『清代螺钿镶嵌人物花卉纹饰木方壶』。在民国年间，稷山一些老艺人在坊间一直从事着螺钿漆器制作。由于缺乏保护，其制法几乎失传。一九七三年，稷山县人民政府在社会上招募聘请螺钿漆器制作老艺人，成立稷山县工艺美术厂。二十世纪七八十年代，稷山螺钿漆器作品曾获国家二轻部螺钿优质奖、金质奖等奖项。一九九九年该厂破产解散。

为了抢救这一民族文化遗产，一九八六年，原稷山县工艺美术厂的工艺师李爱珍成立漆器生产厂（稷山县方古旅游工艺厂）；原稷山县工艺美术厂的工艺师张文平成立漆器生产厂（稷山县晋泰工艺礼品厂）。他们在采用原材料不变和继承传统制作工艺的基础上，推陈出新，创新产品种类，并在产品文饰和造型上积极变革、拓展，生产的传统大漆镶嵌螺钿产品很快行销各地，促进了镶嵌螺钿漆器在稷山县的发展。二〇一二年张文平被评为山西省漆器艺术大师，二〇一三年元月被评为运城市工艺美术大师。二〇一三年

山西省首届文化产业博览会上，张文平制作的富贵长方儿被评为银奖；二〇一五年第二届文化产业博览会上，张文平制作的吉祥宝猪被评为金奖。稷山方古旅游工艺厂的『嵌螺钿漆器传统手工技艺』在二〇〇八年、二〇〇九年先后入选『运城市非物质文化遗产名录』『山西省第二批省级非物质文化遗产名录』，其中『嵌螺钿漆器』传承人李爱珍制作的《仿磁州窑珍珠地老虎瓶》在第一届中国（山西）特色农博会『民间手工艺』组获得银奖；《仿元青花鬼谷子下山罐》在第十届中国工艺美术大师作品暨国际艺术精品博览会上获得铜奖；二〇一〇年该厂的《鬼谷子下山罐》作为反映山西省五千年文明和灿烂文化的三十件工艺美术精品之一，入选上海世博会山西馆，受到国家、省级漆器专家和世界各国友人的高度赞誉。

稷山镶嵌螺钿漆器不仅在工艺上细致复杂，还要经过选型、制胎、设计图案、髹漆、螺钿镶嵌、推光等数十道繁杂工序，而且在用料方面颇为讲究，使用天然大漆、螺钿、贵金属和木、纸等为原材料，制作出的产品，外观古朴雅致，构造精细，漆面光洁，线条流畅，色调和谐，图案清新高雅，手感细腻滑润，展现了中国特有的传统工艺，突出了中国镶嵌螺钿漆器传统手工艺的特点，具有很高的欣赏价值、艺术价值、收藏价值和历史价值。二〇一四年，稷山螺钿漆器髹饰技艺被列入『国家级非物质文化遗产代表性项目名录』。

◆《冰裂梅纹捧盒》 李爱珍

◆《大富大贵花瓶》 张文平

◆《鬼谷子下山罐》 李爱珍

李爱珍

李爱珍，一九五七年生，山西省稷山县人。国家级非物质文化遗产项目稷山螺钿漆器髹饰技艺代表性传承人，中国工艺美术协会第一届中国工美行业艺术大师，山西省工艺美术大师，山西省美术家协会漆器艺术委员会顾问，山西省「五一劳动奖章」获得者，荣获二〇一八年度「三晋英才」称号。

在近四十年的大漆螺钿漆器制作生涯中，李爱珍通过总结、完善和发展，稷山螺钿漆器髹饰技法加以完善，逐渐变得考究细腻，螺钿漆器也具有和瓷器相媲美的艺术特征。作品题材丰富，寓意吉祥。

作品《大漆嵌螺钿冰裂梅纹捧盒》获世界手工艺奖「艾琳·国际工艺精品奖」铜奖和第十五届「百花杯」金奖；《四美图棒槌瓶》获第十三届「百花杯」银奖；《鬼谷子下山罐》获第十届「百花杯」铜奖；《寿字大花瓶》获第十二届「百花杯」铜奖；《夜宴图天球瓶》获第四十五届「金凤凰」银奖；《怪兽尊》获第四十六届「金凤凰」铜奖；《秋翁遇仙记帽筒》获首届中国「非遗」展铜奖；《四君子笔筒》获黄山「非遗」展金奖等。

自一九八六年至今，先后收徒三十余人。二〇一三年以来，太原理工大学、中北大学、运城学院先后在李爱珍创办的「稷山螺钿漆器研究中心」设立大学生实习基地。二〇一五年该中心与稷山县职业中学合作，开设了螺钿漆器制作培训班，保障了该技艺得以传承。

◆ 制作关公图案

◆《银胎锦地小碗》荣获2017金凤凰金奖

◆《象驮瓶》

◆《锦地开光牡丹鸳鸯纹扇形提盒》

张文平

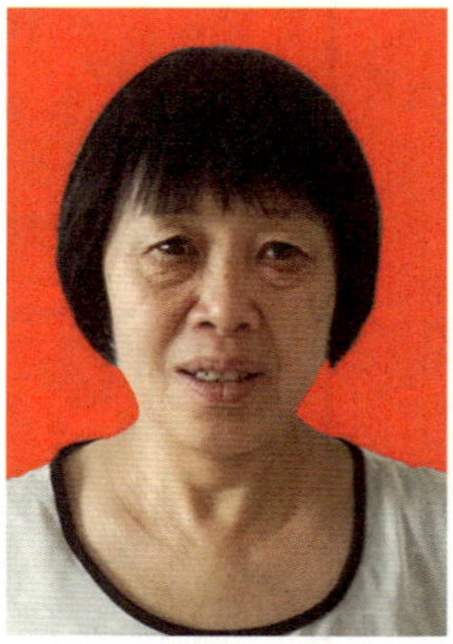

张文平，一九五七年生，山西省稷山县西社镇人，大专文化。二〇一二年被评为山西省漆器艺术大师，二〇一三年被评为运城市工艺美术大师。

一九七六年在稷山县工艺美术厂工作，拜国家级工艺美术大师王满水为师，从事镶嵌螺钿漆器的设计与制作。任车间主任期间，多次到北京、上海、杭州等地学习贝壳分解技术和绘画知识。一九八六年开始自己创业，成立稷山县晋泰工艺礼品厂。

为了能使这门工艺制作技术得到传承，她总结出镶嵌螺钿漆器制作的工艺流程，并在此基础上推陈出新，设计创作出大量的优秀产品，比如仿唐代《荷花鸳鸯八方盖盒》《仿唐代五弦琵琶》《三足鼎》等高端产品，给古老的镶嵌螺钿漆器制作工艺注入了新的活力，产品被当地政府和外交部门作为礼品赠送给政府要员、国际友人。二〇一三年山西省首届文化产业博览会上，制作的《富贵长方儿》被评为银奖；二〇一五年第二届文化产业博览会上，制作的《吉祥宝猪》被评为金奖。

制作大花瓶

花鸟屏风

《荷花鸳鸯八方盖盒》

《龙凤呈祥四方桌》

琉璃艺术

琉璃是中国传统建筑中的重要装饰构件，也是艺术装饰的一种带色陶器。其流光溢彩，色泽鲜艳，防腐防潮，坚固耐用，历代为皇宫和庙宇所专用。琉璃作为我国独特的民族传统建筑材料和工艺品，是中国传统陶瓷艺术继秦砖汉瓦之后在建筑领域广泛应用的一个非常重要的品种。琉璃制品就其种类可分为：琉璃砖、琉璃瓦、珐花及室内陈设品四大类。汉代的绿釉陶、唐代的唐三彩和后来主要用在建筑上的琉璃以及陈设性的珐花器等都属于这个范畴。

琉璃的发源地在山西，早在春秋战国时期就已出现，秦汉有一定的发展，到了唐宋时期达到顶峰，故有『晋地琉璃遍天下』一说。而山西琉璃制品，以河津所产最为著名。据《山西琉璃》《河津县志》等记载：明清两代修建故宫时，曾在河津抽调大量工匠，前往北京炼制琉璃，河津琉璃也因此登上故宫的屋顶。河津琉璃生产已有上千年的历史，主要集中在城区街道窑头一带，元末明初达到鼎盛。千百年来，窑头人以窑为业，薪火相传，创造出灿烂的窑炉文化，现东窑头村已被命名为山西省琉璃灰陶文化产业基地。河津琉璃灰陶厂较多，最为出名的当属『吕氏琉璃』。吕氏琉璃生产始于一千六百年前的魏文帝时期，采用传统的瓦胎制作，其造型、色泽均为全国之冠。河津吕氏琉璃代代相

传，历数十代，至今还保存着康熙三十三年的琉璃模具。二〇〇八年，吕氏琉璃烧制技艺被列入『国家级非物质文化遗产名录』。吕谚荣是吕氏琉璃第九代传人。多年来，他研古习今、刻苦攻关，将古代琉璃艺术与现代艺术完美结合，创作了大量的琉璃艺术品，先后参与国内外二百余座古建筑的修复和建设。特别是二〇一七年，吕氏琉璃作为河津文化信使，参加了马来西亚国际关公文化节交流活动，精美绝伦的吕氏琉璃受到中外友人的高度评价。吕氏琉璃通过『一带一路』走向世界。

山西琉璃是中国民间艺术瑰宝，历史悠久，驰名中外，有着深厚的文化底蕴和地方特色。河津琉璃专家史上海、史宏艺父子独创的琉璃新工艺——琉璃画，在全国自成一体，成为陶瓷领域琉璃釉彩研究的领军者。

琉璃画借鉴了中国画的泼彩手法，以釉为彩，泼洒绘制而成。其制作工艺强调窑火的自然造化，突出『窑变』的色彩效果，追求自然天成的艺术效果，成为真正『火』的艺术。琉璃画是运用工艺材料表现窑火的艺术，尤其是窑变出现的各种釉色的肌理变化，把琉璃釉的物性特点发挥到极致。孔雀蓝和红色釉色的完美展现、独特的琉璃画艺术样式，为山西地方特色的传统工艺又增添了一笔亮丽的色彩，把传统琉璃提升到一个新的艺术水平。琉璃画具有陶瓷质地之坚，琉璃光之亮；寓泼彩、水墨画之韵；集写意画、抽象画之美。其流光溢彩、变幻瑰丽，是中国古代文化与现代艺术的完美融合，被清华大学原副校长、博士生导师杨永善誉为：『既有水墨画和水彩画的特点，其独特的艺术效果又是二者难以企及的。』

琉璃画美在自然，贵在自然的神奇。琉璃釉色的窑变效果，已成为中国琉璃釉色领域里的佼佼者，特别是釉色『孔雀蓝』在中国的琉璃发展史上产生较大影响。二〇一四年，史家『琉璃画工艺』获国家发明专利。其琉璃画作品，二〇〇八年荣获第九届中国工艺美术大师『天工艺苑·百花杯』中国工艺美术精品奖金奖；二〇一〇年荣获『首届中国陶瓷艺术大会』暨『第九届全国陶瓷艺术设计创新评比』金奖；二〇一二年入选由中国美术家协会和中国陶瓷艺术委员会举办的中国首届当代陶瓷艺术大展，填补了山西省琉璃传统工艺方面缺失全国金奖的空白，得到了国内外专家的一致好评，作品也被日本、美国等国家的艺术馆收藏。

河津是《鲤鱼跃龙门》神话传说的发生地。河津陶艺家史上海创作的《鱼跃龙门》琉璃画作品，把『河津』两个字镶嵌在湍急的河水中，浪花飞动清晰可见，其间，小鲤鱼逆流而上，奋力拼搏，腾跃于惊涛骇浪之中，背后写着『鱼跃龙门』的字样，橙黄色和釉色『孔雀蓝』遥相呼应，将鱼跃龙门的传说完美展现，寄予人们化鱼成龙的美好愿望。史上海、史宏艺父子编写出版的《琉璃人生》一书，被国家图书馆收藏。它不仅填补了运城市琉璃著作的空白，更体现了山西省琉璃传统工艺在全国工艺美术行列的重要地位。

◆《丝绸之路》 史上海

◆《 路路清廉》 吕谚荣

史上海

史上海，一九三七年生，山西省河津市人。一九六二年毕业于北京艺术学院美术系版画专业。

一九六四年与琉璃老艺人合作烧制琉璃工艺制品《古龙门图》《龙门新貌》等，参加省、地民间工艺美展，被山西省博物馆收藏。他曾作为主要人员在一九七三年组建了河津县琉璃工艺厂。一九七五年试验优选出孔雀蓝釉色，一九八七年成立河津县三彩壁画厂，一九九六年组建河津市三彩琉璃研究所，一九九九年发明「琉璃画」，二〇〇四年陶艺作品入选「全国首届壁画大展」。琉璃画作品二〇〇六年荣获「第八届全国陶瓷艺术设计创新评比」银奖；二〇〇八年荣获第九届中国工艺美术大师「天工艺苑·百花杯」中国工艺美术精品奖金奖；二〇一〇年琉璃画作品荣获「首届中国陶瓷艺术大会」暨「第九届全国陶瓷艺术设计创新评比」金奖；二〇一二年入选中国首届当代陶瓷艺术大展。填补了山西省琉璃传统工艺方面缺失全国金奖的空白，体现了山西省琉璃传统工艺在全国工艺美术行列的重要地位。

他从艺六十余年来，立足琉璃传统工艺，把琉璃釉色的物性特点发挥到了极致。按照保护民族传统文化发展思路，「琉璃画工艺」已荣获国家发明专利。编著有《琉璃画技法与艺术表现》《从一条泥立线说起》和《琉璃人生》等，其中《琉璃人生》一书，被国家图书馆收藏。

◆釉上青花《高原魂》

◆《鱼跃龙门》

◆《志在千里》

史宏艺

史宏艺，一九六七年生，山西省河津市人。中国壁画学会会员，中国陶瓷工业协会会员，山西省陶艺家学会副主席，中国民主促进会会员。一九九二年毕业于景德镇陶瓷学院美术系。二〇一〇年六月参加清华大学美术学院举办的山西省工艺美术高级人才研修班学习，二〇一〇年荣获『三晋技术能手』称号，二〇一一年荣获『山西省民间工艺美术大师』和『山西省陶瓷艺术大师』称号。

自二〇〇一年以来，作品多次参展并获奖：二〇〇二年，中国·宜兴『国际陶艺研讨会暨陶艺展』获铜奖；二〇〇六年第八届全国陶瓷艺术设计创新评比银奖，中国传统陶艺创新大赛获铜奖；二〇〇八年获得『天工艺苑·百花杯』中国工艺美术精品奖金奖；二〇〇八年荣获第四十三届国际陶艺大会学术交流优秀作品奖；二〇一〇年首届全国陶瓷艺术大会暨第九届全国陶瓷艺术创新设计与评比金奖；二〇一二年入选中国首届当代陶瓷艺术大展。

作品《憩》入编《当代中国书画艺术——世纪典藏画册·陶艺篇》，《雪海驼情》入编《第一届中国陶瓷艺术作品集》，《倾诉》入选《中国艺术作品大全》，《渴望绿洲》被《二十世纪国际文化大系》收集，作品《恋》被景德镇陶瓷学院永久收藏。

在国家级陶瓷刊物上发表《漫谈唐三彩工艺的创新》《浅谈琉璃工艺特色》等论文。著有《琉璃人生》一书，被国家图书馆收藏。

◆《和谐》

◆《山鬼》

吕谚荣

吕谚荣，一九六八年生，山西省河津市东窑头村人，吕氏琉璃第九代传人。一九九四年创办吕氏祖传琉璃工艺厂，现任山西凤凰吕氏琉璃瓦业有限公司总经理。多年来，他研古习今、刻苦攻关，将古代琉璃艺术与现代艺术完美结合，创作了大量的琉璃艺术品，先后参与国内外二百余座古建筑的修复和建设工作。

吕谚荣的父亲是有名的琉璃烧制专家，曾在山西省古建筑保护研究所工作。一九八四年吕谚荣随父参加古建保护维修研究所古建队，一九八五年参与修复临汾尧庙宫，自此开启了他的琉璃人生。一九九四年他回家乡创办吕氏祖传琉璃工艺厂，专门从事古建工程的修复与研究。凭借着过硬的手艺和在古建研究所的历练，短短几年，他先后参与了少林寺、国家重点工程鹳雀楼、王家大院、晋祠、云冈石窟等古建工程的修复工作，受到同行的一致好评。

二〇〇六年，美国史蒂文逊教授率专家团来考察，对吕谚荣的传统琉璃制作工艺和雕塑技艺给予好评，随后联合国教科文组织考察团对该厂进行了考察。二〇〇八年，吕氏琉璃烧制技艺被文化部列为国家非物质文化遗产；二〇一〇年，吕谚荣被全国促进传统文化工程工作委员会授予『中华传统文化工艺大师』称号；二〇一三年被运城市政府授予『运城市工艺美术大师』称号。

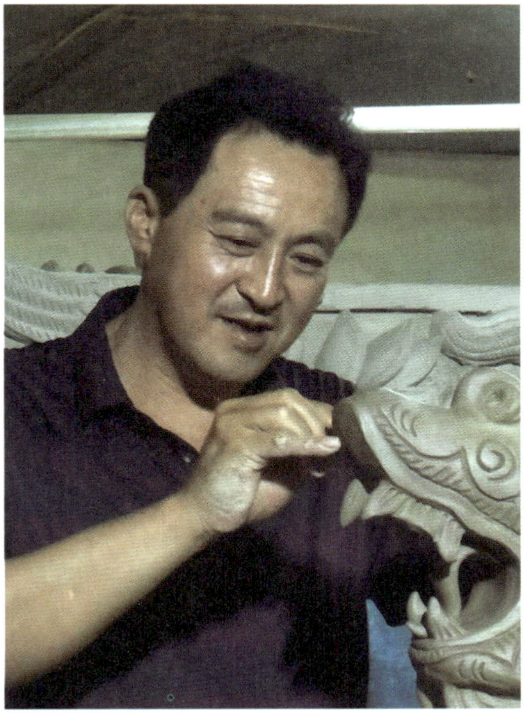

◆《吉祥平安》

◆琉璃壁画《双龙戏珠》

◆《鱼跃龙门》

传统线描

线描，古代称之为『白描』。它是运用线的轻重、浓淡、粗细、虚实、长短等笔法表现物象的体积、形态、质感、量感、运动感的一种方法。特点是简练、清晰，可刻画各种物象。线描的意义有二：一是塑造形体，体现空间、区别质感、构成画面，即所谓『外师造化』；二是以生动变化的线描（用笔）概括刻画形象、开掘意境、锤炼品味，使画面意境深邃、超逸物外、生动感人，即所谓『中得心源』。

在中国绘画中，线描既是具有独立艺术价值的画种（白描），又是造型基本功的锻炼手段，还是工笔画设色之前的工序过程。线描是绘画的开始，写生和创作的第一步，是用线条的变化来描绘对象及其形体结构最古老、最原始的一种传统绘画方式。线条作为创造形象和表现艺术家思想感情的绘画语言，显示出了丰富的表现力以及艺术美感，作品线描的成功与否即已决定了作品的成败，故称作品的线描为『命线』。线描是画家艺术修养、才华和品格的凝聚和体现，是每一个中国画家必须具备的基本功夫，是中国画家造型的主要元素，表现对象的视觉艺术语言。画家根据各自不同的审美理念，利用线条的疏密、疾缓、曲直、刚柔、轻重、顿挫，创造出不同的节奏感、韵律感，取得优美的意境情趣。所以说，中国画是以线为手段的造型艺术，一幅优秀的线描

作品本身就是一件珍贵的艺术品，比如《八十七神仙卷》。

线描是素描的一种，是用单色线对物体进行勾画。线描的技巧来源于用笔，而中国独有的毛笔的运用与发挥正是中国画的形似特征的工具（技术）基础。因为不同毛笔的不同性能，才引发多姿多彩、生生不息的线描形式和艺术境界。线描的用笔技巧多同于书法用笔，线描的审美品格也多直引于书法。所以人称：中国画的技巧即书法（包括艺术观念和审美标准），书法用笔技巧中的中锋，正、侧、逆、顺，行笔的轻、重、疾、徐，以及寓情、写意线描技巧，概莫能外。

以线造型是中国传统绘画的特色，不管是人物画，还是山水画、花鸟画，都少不了以线勾勒物象。古代画家把各种线描形式概括成十八种技法，称『十八描』，作为基本程式用于传授线描技法。实质是古人以他们的艺术实践和认识，用他们的逻辑方式对用笔的丰富变化的归纳和概括。归纳起来，应以用笔方式为据，即在中锋用笔的原则下，展开中锋的平行和起伏运动，加之笔锋的使转，这三种方法之间全方位的贯通与和谐，产生长短不同、形态各异的行笔轨迹——线描。中锋平行运笔形成线形粗细均匀的『铁线描』一类，诸如游丝描、高古游丝描、琴弦描均属此类，只是线的粗细、转弯的不同。中锋上下运笔（起伏）形成有粗细变化的『兰叶描』一类，诸如：枣核描、柳叶描、竹叶描等当属此类，只是线形长短的区别而已。第三类则是笔锋的使转（运转变化）顿、挫、转、折、正、倒、逆、顺等变化而成的多样线形，诸如：钉头鼠

尾描、战笔水纹描、行云流水描、枯柴描等统归此类。

中国绘画史的线条，可从现代的水墨画一直追溯到仰韶文化中的彩绘画，历代对线条的运用各具风采。精彩的线描是画家熟谙笔性、使用起来得心应手、随意使转的结果。具有较好弹性（硬毫、兼毫）的修长而圆正的笔形适于勾线的毛笔，而它的笔端的上部三分之一的笔尖是最有效的部位，称为『笔锋』，随着用笔的提按停顿，笔锋当随之自然而均匀地铺开（粗线）或收敛（细线），运行中笔毫不绞不织，保持平顺，这样的毛笔是线描的基本保证。精彩的线描，笔笔有活力，有激情，要意在笔先，心有成竹，故古人有云：笔为将，心为帅。用心体会书法中『一画之间，变起伏于锋杪；一点之内，殊衄挫于毫芒』，就是这个道理。中国画中传统技法『十八描』，即是各种线条的生动画法。如：线描大家唐代的吴道子、宋代的李公麟、明代的陈洪绶、近代的任伯年、徐悲鸿、赵宏本、钱笑呆等，他们都留有名作传世，还有承载了我们几代人记忆的丰子恺漫画《阿Q正传》、张乐平《三毛流浪记》、顾炳鑫《红岩》、华三川《白毛女》等经典连环画，也无不是以线条为基础创作而成的经典作品。

◆铁笔画《广积粮》 李新安

李新安

李新安，一九四四年生，山西省永济市卿头镇人。一九五九年于运城地区卫校读书，一九六一年学校中医班解散，回家务农至今。

年少时，他先后师从和拜访石鲁、刘文西、王子武、西丁、王有政等多位画家。花甲之年后，他潜心研究传统绘画理论和中国画实践探索。从十五岁起就在全国各级报刊、书籍发表作品三百余幅（篇），作品曾多次在国家和省、地、市参展、参赛并获奖，曾被新加坡等国家个人及单位收藏；著作有《农村安全用电连环画》《卿头村志》插图、《李新安书画作品》等。

现为中国老年书画研究会会员、运城市美术家协会会员、运城市老年书画研究会理事、运城市经济文化界知名人士联合会理事、山西运城经济开发区书画家协会艺术顾问、魏晋书画院院士、永济市美术家协会顾问、黄河书画院名誉院长。代表作《巨龙腾飞》被国家、市、县各级报刊选用发表、收藏。

◆连环画《东平湖的鸟声》

戏曲脸谱与服饰

脸谱，是中国传统戏曲演员脸上的绘画，用于舞台演出时的化妆造型艺术。它是中国传统戏曲独有的、不同于其他国家任何戏剧的化妆造型艺术。主要特点有三点：美与丑的矛盾统一，与角色的性格关系密切，其图案是程式化的。

关于戏曲脸谱的起源，众说纷纭。有人认为，早在远古时期，受原始图腾信仰的支配，人们就形成了文身（在身体上画图案）和画脸谱的习俗。也有人认为，脸谱起源于北朝的代面，即面具。据《旧唐书·音乐志》记载：「代面出于北齐。北齐兰陵王长恭，才武而面美，常著假面以对敌。尝击周师金墉城下，勇冠三军，齐人壮之，为此舞以效其指挥击刺之容，谓之《兰陵王入阵曲》。」这就是齐人表演兰陵王戴面具击鼓乐舞的记载。还有人认为，脸谱艺术从宗教仪式中得到过启发，是民间祭祀化妆的遗留；或者认为它是在唐宋涂面化妆的基础上发展演变而来的一门艺术。对此，中国戏曲理论家翁偶虹先生曾有详尽的解说：「中国戏曲脸谱，胚胎于上古的图腾，滥觞于春秋的傩祭，孳乳为汉、唐的代面，发展为宋、元的涂面，形成为明、清的脸谱。在戏曲形成之后，脸谱与面具仍然交替使用。最明显的贵州的「地戏」，江西、安徽的「傩戏」，西藏的「藏戏」，无论生、旦、净、丑，都戴面具，每剧多至百余，少者亦须数十。「南昆」里的神仙鬼怪，一般均

戴面具，并不勾画脸谱。京剧是具有全国性的大剧种，大量发展脸谱，可是加官、财神、魁星、土地、雷公，仍戴面具。从脸谱、面具的混合使用与脸谱谱式的由简至繁，可以看出中国戏曲累递发展的轨迹。」

中国戏剧脸谱作为一门表演艺术，主要是在京剧中得以体现。京剧脸谱集我国戏曲脸谱艺术之大成，最大特色是以夸张强烈的色彩和变化无穷的线条来描绘人物的性格、品格、身份等，具有『寓褒贬，别善恶』的艺术功能。从色彩上说，京剧脸谱颜色有脸膛的主色和面纹的衬色。主色有红、黄、蓝、白、黑、紫、绿、灰、粉、金、银等色彩，这是从人物自然肤色的夸张描写，发展为性格象征的寓意用色。如：红色代表忠勇、正直；黑色代表勇猛、刚直；白色代表虚伪、奸诈。脸谱上的面纹常衬以它色，有渲染烘托主色的作用。如果从线条和布局来看，大致可分为整脸、三块瓦脸、十字门脸、碎花脸、歪脸、白粉脸、太监脸以及小花脸的豆腐块。画脸谱，也叫『勾脸』，是京剧演员表现特定角色的一种化妆方式，主要用于净行和丑角。脸谱的勾画要按照人物角色的分类来进行，每一种脸谱虽画法各异，但都是从人的五官部位、性格特征出发，以夸张、美化、变形、象征等手法来寓褒贬，分善恶，从而使人一目了然。如：曹操勾白脸表示奸诈；关羽勾红脸表示忠勇，『红脸忠勇』说法即由关羽脸谱而来。再者，京剧脸谱以『象征性』和『夸张性』著称。京剧作为中国的国粹，正是通过色彩丰富的脸谱艺术对戏剧人物进行定位，通过运用夸张和变形的图形来展示角色的性格特征，可以说人世间的善恶美丑在京剧脸谱中被表现得淋漓尽致、入木三分。

如今，中国的脸谱艺术作为戏曲文化的一种象征越来越引人注目。无论是在工艺品中还是时装设计中，已成为一种时尚元素，走进现代人的生活。在运城，「运城市民间工艺美术大师」董太岭，用泥巴、彩纸、绒线等制作的关公、戏剧人物脸谱、传统头饰等戏剧脸谱艺术品，栩栩如生，传神逼真，深受人们的喜爱。二〇一五年，他创作完成的《河东戏剧脸谱》被运城市列入市级「非遗」项目。

传统戏剧鞋帽制作是一种民间手工技艺。它蕴含民俗、戏曲、美学等内涵，汇集了民间缝纫、刺绣、美术、手工裁剪等多种工艺，制作材料原始、制作工艺复杂。「稷山传统鞋帽」制作历经百余年的历史，张风鸣、张广新师徒等人设计制作的各种样式的头盔、靴子、彩鞋等产品，造型别致，栩栩如生，珠光秀丽，独具特色，具有丰富的文化和历史价值。多年来，深受文艺界及各大媒体的广泛关注与推广，使这项传统技艺在全国各地闻名遐迩。二〇一四年，稷山传统戏剧鞋帽制作技艺被确定为山西省非物质文化遗产保护项目。张广新被确定为稷山传统戏剧鞋帽制作技艺「山西省非物质文化遗产代表性传承人」。

◆ 戏曲脸谱　董太岭

◆ 戏曲鞋帽　张广新

董太岭

董太岭，一九六八年生，山西省万荣县人。河津市剪纸艺术学会副会长，山西省民间剪纸艺术家协会理事，中华民族文化促进会剪纸艺术委员会会员。

自幼受农耕文化的熏陶和母亲的影响，董太岭对一些民间传统习俗和工艺制作产生了浓厚兴趣，上学时，他极其爱好绘画，对家传的纸扎活也产生了兴趣，同时，他还用泥巴做童男童女的头像、彩绘脸谱。他用泥巴、彩纸、绒线等制作的关公、戏剧人物脸谱、传统头饰等深受人们的欢迎。

在浓厚的传统文化熏陶下，他喜欢上了中国民俗文化。近年来，他专攻剪纸和戏剧脸谱，多次参加全国剪纸大赛并获得大奖。二〇一二年，他注册成立了金盛轩剪纸中心，二〇一三年被运城市人民政府授予『运城市民间工艺美术大师』称号。二〇一二年作品《那个年代》在吉林获金奖；二〇一三年作品《污水，太阳，环保，风能》和《麦收十二忙》两幅作品分别在河南洛阳和浙江杭州桐庐获得银奖；作品《中华二十四孝》获得二〇一五『山花杯』山西剪纸精品金奖，还被太原美术馆收藏；二〇一五年，他的《河东戏剧脸谱》被运城市列入市级『非遗』项目，受到人们的青睐。电视台、报社等新闻媒体多次来工作室采访脸谱制作过程，他多次应邀参加地方『非遗』活动；二〇一六年受邀参加央视综艺盛典节目。

◆二〇一六年受邀参加央视综艺盛典节目

◆戏曲脸谱

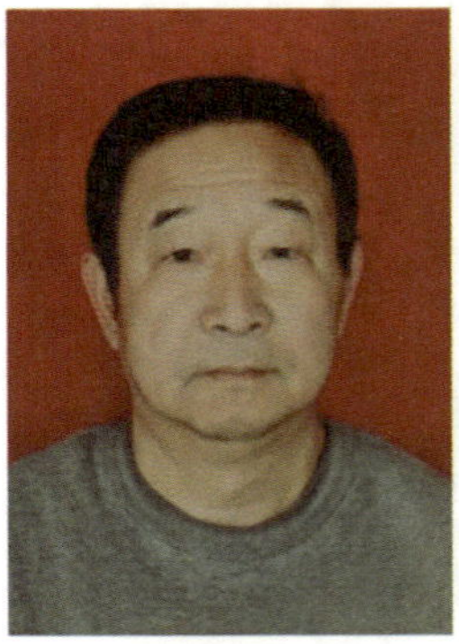

张广新

张广新，一九五六年生，山西省稷山县人。稷山传统戏剧鞋帽制作技艺『山西省非物质文化遗产代表性传承人』。

一九七三年，高中毕业后师从张风鸣先生在稷山县服装鞋帽厂头盔组学做头盔。改革开放后，张广新与父亲、妻子回家办起了『戏剧鞋帽部』，买材料，购设备，招收学员。他跟父亲学会了做高靴，如：钉底、绱鞋、搓麻绳、打纫头、截纸、铢纸、糊麻布等一整套的技艺。后来在全家人的努力下，添置了新设备，不断学习，不断钻研，不断创新，到外地和同行交流技艺，向老艺人、戏剧名角探讨技艺、表演特技知识，成立了『稷山县传统鞋帽制作中心』传承技艺。

三十多年来，他培养出五十余名学徒，教育方式主要是口传心授。对学徒耐心、细致又严格，力求使每一位徒弟掌握好这门手工制作技艺。二〇一四年，获得『省级非物质文化遗产保护项目手工制鞋技艺传承人』称号。近年来，其传统戏剧鞋帽手工制作技艺，多次被省、市、县新闻媒体采访报道。

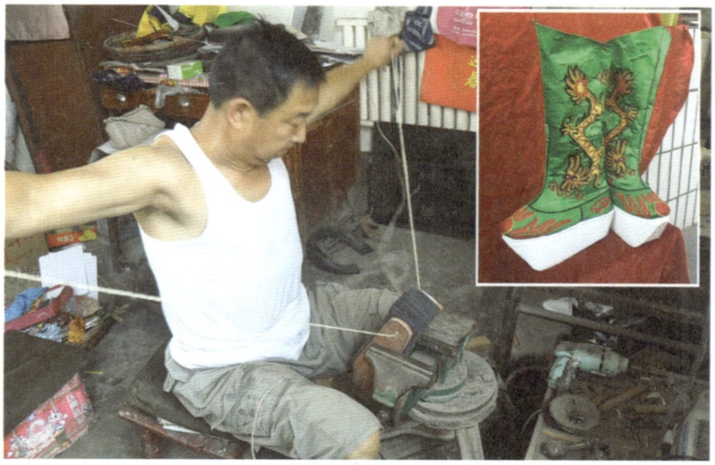

◆张广新正在做龙靴

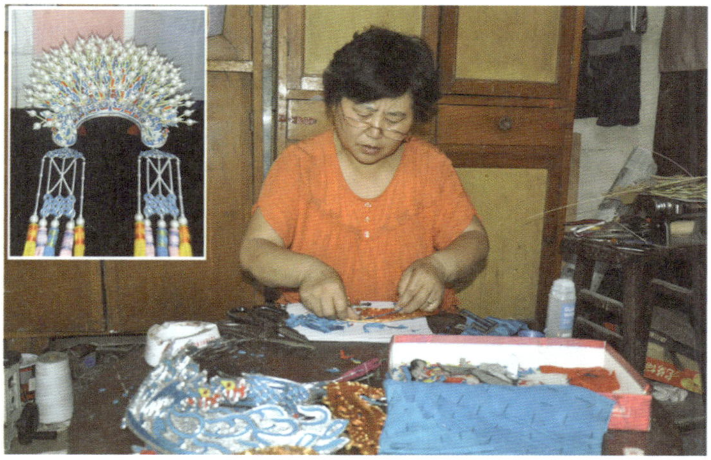

◆妻子卫永爱正在做凤冠

◆张广新荣获『省级非物质文化遗产保护项目手工制鞋技艺传承人』称号

香文化

古代君子有四雅——斗香、品茗、插花、挂画，其中以对香品的熟练掌握为才艺之首。在春秋战国时期的史志典籍中，有很多记载都反映了文人对香的推崇。如屈原在《离骚》中的精彩咏叹：「扈江离与辟芷兮，纫秋兰以为佩」，诗人将香文化融入诗文中，极大地丰富了香的文化内蕴。

中国香文化最早可追溯至距今六千多年的石器时代。原始的香文化是「神农尝百草，辨识百草香；先民驱虫疫，屡屡起烟霞」。宋代丁谓所著《天香传》中云「香之为用，从上古矣。所以奉神明，可以达蠲洁」。说的是用香的历史可追溯到上古时期，用来供奉神明，亦可达到辟秽清洁的目的。从香文化的性质特点看：一是礼教香文化，即原始的敬天与祭祖，周秦以来香文化用于礼政、礼乐等；二是宗教香文化，即香文化用于礼佛、礼道、礼儒；三是社交香文化，用于茶席、琴桌、文房等；四是居家香文化，用于驱蚊虫、避瘟疫、薰衣被等。

纵观中国香文化的发展历程，其肇始于远古，经历了萌芽、初始、成形、成熟、鼎盛、稳定、萎缩七个阶段，①以新石器时代庆阳先民熏香驱虫为始的萌芽期；②以黄帝时期庆阳先民佩香闻香而防病祛疾的初始期；③以周代焚香祭祀至汉代佛道二教兴起而「闻香入道」的成形期；④以隋唐时期经济繁荣、佛教鼎盛

而行香普及的成熟期；⑤以宋代文人雅士休闲精致的品香仪式为潮流的鼎盛期；⑥以元、明及清中叶，香事融入日常生活而到达稳定期；⑦以清末国势衰退，战事四起，人们对传统文化的质疑及西方文化的影响而进入萎缩期。

我国传统文化中香的使用，一般分为礼仪上的「熏香」、宗教上的「焚香」和坐课哲思的「香席」。其中的熏香和焚香发生的时间虽不可考，但应与原始宗教出现的时间大致相去不远。而坐课香事的「香席」品香活动，则是儒、释、道三家在融合过程中的产物，因此要晚到隋唐之际才开始出现，而在宋、元时期发展成熟，所以唐代是中国香学史的一个关键时期。唐代时期香料已经开始在文人、药师、佛教和道教人士之间流行，还逐渐发展出关于熏香、调配香料、评香、斗香等香品艺术。很多文人不仅用香、喜香、爱香，还留下了很多咏香诗作或涉香的诗句，如杜甫、白居易、李白、王维、李商隐等人的咏香作品很多。佛教在唐代的兴盛也对香文化是一个重要的推动。佛家的教理经书对香大加推崇，几乎在所有的佛事活动中都要用香。在大唐的盛世环境中，香文化所获得的前所未有的全面发展为其在宋元的兴盛奠定了良好的基础，也使香文化在后来的繁盛与普及成为一个自然的也是必然的事。

中国的品香文化最鼎盛时期在宋代。古代的达官贵人、文人墨客在品香活动中追求「品香四德」（净心契道、品评审美、励

志翰文、调和身心），更重视的是精神而非形式。『点火闻香』是亘古不变的品香方法，在技术上，是一种巧妙操控炉中灰里炭火的热度，利用温度的变化，使奇楠香木在不着火出烟的情况下，挥发出种种迷人香气的方法。这种自然的浓郁美味，不但会在生理上产生镇静或兴奋的作用，也会在心理上使人达到幸福、甜美、深沉等种种神秘冥想的境界，所以被各方修行者奉为圣品。自古以来，品香最高境界：沉香。沉香的主流品味方法，主要有焚香、熏香、闷香、煎香四种。沉香之所以具有提气养神、净化灵魂、香通三界的功效，是因其神秘香气是由树木之精华集结了天地之灵气，经过千年聚集而成。因而，品玩沉香可以提高一个人的自身涵养与修持，慢慢升华为心灵的一种美感，进而感受香文化带来的颐养身心之效用。近年来，随着人们物质与精神生活水平的提高，已有越来越多的人喜欢品香、用香，并对香的品质有了更高的要求；同时也有更多爱香、懂香的人开始致力于对传统香文化的继承与弘扬。

◆张超杰夫妇正在使用传统工艺制作功效香　　　荆卫定 摄

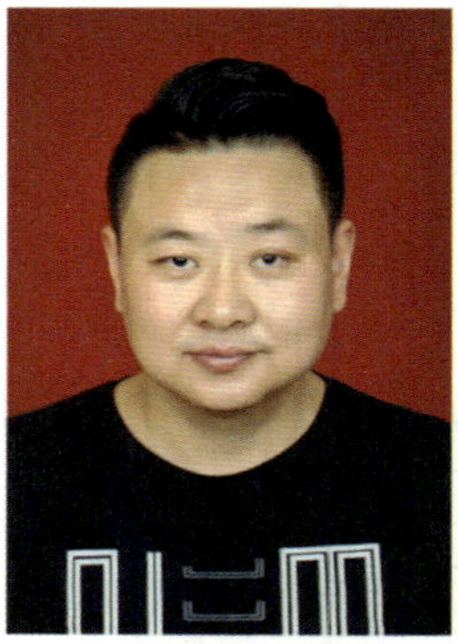

张超杰

张超杰，一九七六年生，山西省运城市解州人。山西运城关帝制香厂创始人，山西金堂爱力香业有限公司首席调香师，运城市民间文艺家协会香文化专业委员会主任。

二〇〇八年，他创立了『鸿登』品牌。二〇〇九年，开始生产功效香和功效茶饮，向客户提供产品和服务。二〇一〇年，与九针医院达成合作意向并获得了权威医疗机构的技术支持，二〇一二年，携手医疗科研机构，开发针对不同体质的功效香，并投放市场。二〇一三年，与陕西天行健合作申请相关专利成功；二〇一四年，与伟昶信息（上海）科技有限公司达成了战略合作并投放上海市场；二〇一五年，参加陕西首届丝绸之路文化交流文学论证座谈会，与陕西西安大慈恩寺合作推出红豆杉专供香。

◆金堂爱力香业首席调香师张超杰正在调制香料

荆卫定 摄

香包艺术

香包，古代称「香囊」，亦称「容臭」「香袋儿」「荷包」等，是古代中国劳动妇女创造的一种民间刺绣工艺品，是以男耕女织为标志的古代中国农耕文化的产物。二〇〇八年入选第一批国家级非物质文化遗产扩展项目名录。

香包在《诗经》里已有描述，说明早在约三千年前就有了香包。《礼记》云：「五采谓之绣」。香包用青、赤、黄、白、黑五色丝线刺绣而成，色彩绚丽，有装饰衣着、把玩欣赏的审美功用，又因填有特殊的中药材，兼有驱邪、除菌、爽神的功效。《礼记·类则》载，未成年男女，晨昏叩拜父母，必须佩戴香包，说明香包还有礼仪作用。战国时期至秦、汉、晋，男人堂而皇之佩戴香包，晋以后渐为女人、儿童的专用品。宋时，官史朝服上开始佩戴香包，礼仪作用愈加凸显。清代，香包成为馈赠佳品，特别是相恋男女以此作为馈赠的信物。现代，香包是承载传统文化的有效载体，在人际交往、美化环境、陶冶情操、寄情寓志方面起着不可替代的作用，蕴含着丰富的文化内涵和精神取向。

端午戴香包与民间「驱五毒」的风俗有关。俗语说：「端午节，天气热；五毒醒，不安宁。」按照《易经》等典籍记载，阴恶从五而生，五月五日恰恰是阳气运行到端点的端阳之时，这种日子天气燥热，五毒俱出，易爆发瘟疫，恶疠病疫多泛滥。因此，这一

天人们要插艾草、挂菖蒲、喝雄黄酒、配香囊、系五色线等，以驱邪辟邪、保健强身、保佑安康。这就是端午节佩戴香囊这一习俗的由来。因此，民间有「带个香草袋，不怕五虫害」之说。

追溯香包的起源，早在先秦时代，女子用五色线制成的饰物戴在头上；到了南北朝时期，就发展为香袋；到了唐代，出现了装有香料的香球。而香包的主要原料是雄黄、艾叶、熏草等，其作用在古代就被神化了，就如《封神榜》中小哪吒的红兜肚，有斗邪必胜的效果。据说，五色线象征五色龙，系五色线可降妖魔鬼怪。这两项风俗逐渐合而为一，演变成用五色彩线系着一个装满艾草、雄黄和檀香粉末等混合香料的小布袋给小孩挂着，防止毒虫侵扰。这种香袋不仅有祛毒避邪的功用，也成为一种保平安吉祥的象征。于是，就此确定了香包的地位。

端午节给小孩佩戴香囊，不但有避邪驱瘟之意，而且有襟头点缀之风。「手脖系五彩，娃娃惹人爱」「香包挂胸襟，长大福随身」。以前，医药水平不发达，人们就把具有杀菌作用的雄黄、艾草、菖蒲研成粉末，用布包起来戴在胸前，利用它散发出来的气味驱散夏天的蚊虫。现在，巧妇们将各种芳香开窍的中草药如苍术、藿香、艾叶、肉桂、砂仁、雄黄、冰片、樟脑等装在特制的布袋中，外包丝布，并以五色丝线弦扣成索，做成各种不同形状的花鸟兽禽，再结成一串，形形色色、玲珑可爱、清香四溢的香袋佩戴在孩子胸前、腰际、脐中等处，不仅美观大方，香气扑鼻，还有驱虫、避瘟、防病的功效和祈求安康的美好寓意。

祛邪祈福，是香包文化的永久主题，而隐喻象征、托物言志则是香包的鲜明艺术特色。从我国民间现存清代以来的香包看，大多数以花卉和动物为主图，比如：用双鱼、双蝶、蛟龙等象征两性相爱、交合、生育；用莲花、荷花、牡丹、梅花等喻意女性；用登梅的喜鹊、采花的蜜蜂隐喻男性；松鹤象征长寿、石榴象征多子；而利用汉字的谐音做比喻者更是随处可见：送给新婚夫妇的『早生贵子』（枣儿、花生、桂圆、莲子组合图案）；送给长寿老人的『耄耋童趣』（以猫和蝴蝶戏牡丹组合图案，喻意老年生活非常有情趣）；送给小孩的『福寿娃娃』（以憨态十足的娃娃为主体，周围环绕蝙蝠、桃子组图，寓意此子今生多福多寿）等，以隐喻象征等手法表达各种情感寄托和对美好生活的向往。

◆荷包《童子闹春》 韩银花

◆荷包《一夜变福》 韩银花

◆香包作品 刘爱国

韩银花

韩银花，一九五一年生，山西省代县峨口人。自幼酷爱绣花和绣香包艺术，刻苦钻研各种刺绣图案图形，在老花样上进行创新，十六岁时便已是远近闻名的「巧手」。由于家境贫寒，她很早便从事裁缝，制作质量精湛，很受群众的欢迎。闲暇时她钻研绣花作品，创作技艺不断提升，作品贴近生活，乡邻无不称赞。二十世纪八十年代，她的创作热情进一步提升，渐渐成为当地刺绣带头人。由于其作品出类拔萃，二〇一三年代县专门为其作品出版了一本《刺绣作品锦集》。产品远销北京、上海、福建、海南以及香港、澳门地区，多次参加全国各地民间艺术展并获奖，获得「雁北第一绣」荣誉称号。

为了把刺绣技艺传承下去，她特意来到女儿工作的地方运城河津，一边陪读孙辈，一边教女儿做荷包、刺绣，希望把这门绝活传承下去。二〇一七年在运城市妇联「河东巧姐」手工精品展期间，其作品受到了全国妇联副主席宋秀岩、省妇联主席张葆等各级领导的高度评价。

代表作有：《十全十美》《三环套绣球》《金玉满堂》《龙凤呈祥》《欢度春节》《金鱼钻莲》《多子多福》《喜鹊登梅》《老鼠嫁女》《鸳鸯戏水》《金陵十二钗》《百鸟朝凤》以及其他香包挂饰。

◆韩银花正在指导女儿李元英做老虎鞋

荆卫定　摄

◆《金鱼钻莲》

◆《鸳鸯戏水》

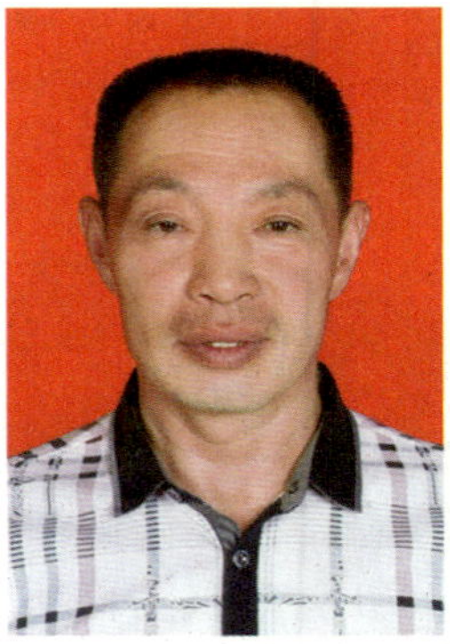

刘爱国

刘爱国，一九七二年生，山西省夏县尉郭乡中卫村人。中共党员，现任村委会副主任，嫘祖文化布艺有限公司总负责人。

一九九九年端午节，在西安批发市场打工的刘爱国夫妇看到甘肃客户身上佩戴的一种吉祥物——『香囊』，受到启发，也看到了商机，便抱着试试看的心态，回家跟村里的老艺人学习制作香包这门手艺。第一年他带着四五个妇女边学边做，做了五千多件香包，在西安康复路批发市场试销，结果产品被一抢而空。于是，刘爱国夫妇二人下决心自己办个香包加工厂，通过政策扶持、技术培训，带领当地的贫困妇女和残疾人共同致富。

二〇〇一年，他们在相关部门的大力支持下，登记领取了工商营业执照，起名『山西嫘祖文化布艺有限公司』，品牌名称『御香艺』。公司主要生产汽车挂件、喜庆礼品、端午节各种款式朱砂香包等百十余种。其产品远销全国各大批发市场，带动县内八百余名贫困妇女及六十余名残疾人增收致富，受到了中央、省、市、县领导的高度关注和群众的普遍好评。中央电视台与省、市电视台多次报道公司帮助农村妇女、残疾人与贫困户致富的事迹。二〇一四年妻子田亲被县妇联授予『三八红旗手』荣誉称号，同年被夏县妇女联合会授予『励志创业精英』荣誉称号，九月参加北京故宫博物院展会，作品『布艺双头老虎』枕被北京故宫博物院永久收藏；二〇一五年三月被市妇联评为『最美河东巧手』和『创新者标兵』荣誉称号。

中央电视台与省、市电视台多次报道其先进事迹

对埝掌镇贫困妇女进行手工香包培训

雕塑艺术

雕塑，又称雕刻，是雕、刻、塑三种创制方法的总称。指用各种可塑材料（如石膏、树脂、黏土等），或可雕、可刻的硬质材料（如木材、石头、金属、玉块、玛瑙、铝、玻璃钢、砂岩、铜等），创造出具有一定空间的可视、可触的艺术形象，借以反映社会生活、表达艺术家的审美感受、审美情感、审美理想的艺术。通过雕、刻减少可雕性物质材料，塑则通过堆增可塑性物质材料来达到艺术创造的目的。

在原始社会末期，居住在黄河和长江流域的原始人已经开始制作泥塑和陶塑了。一九七五年，在陕西华县仰韶文化庙底沟类型的墓葬中发掘出一件陶制鹰鼎。它那精美的造型引起人们的关注。陶鹰鼎通高只有三十六厘米，但看上去显得威武而雄壮。鹰的前胸为鼎腹，饱满粗壮，器口开在鹰的背部。鹰的双目圆睁，周身光洁未加纹饰，喙部呈有力的钩状。鹰鼎整体结构简洁，体积感很强，鹰的双足和尾部为鼎足稳定地撑柱于地，后收的双翅围过鼎的中后部，形成一种前扑的动势，配上鹰头部的大眼、利喙，使这只鹰显得威风凛凛、桀骜雄猛。这样一件体量并不算大的陶塑，竟产生出非凡的气魄和雄壮的力量感。黄河中上游地区先民给后人留下不少陶塑杰作。枭形壶是将壶的顶部做成猫头鹰的头面，其中可能含有某种图腾崇拜的意义。有些器物的盖纽或

口嘴做成人头形或鸟兽形，稚拙而有趣。

雕塑的产生和发展与人类的生产活动紧密相关，同时又受到各个时代宗教、哲学等社会意识形态的直接影响。在人类还处于旧石器时代时，就出现了原始石雕、骨雕等。雕塑是一种相对永久性的艺术，传统的观念认为雕塑是静态的、可视的、可触的三维物体，通过雕塑诉诸视觉的空间形象来反映现实，因而被认为是最典型的造型艺术、静态艺术和空间艺术。随着科学技术的发展和人们观念的改变，在现代艺术中出现了反传统的四维雕塑、五维雕塑、声光雕塑、动态雕塑和软雕塑等。这是由于爱因斯坦的相对论的出现，冲破了由牛顿学说建立的世界观，改变着人们的时空观，使雕塑艺术从更高的层次上认识和表现世界，突破三维的、视觉的、静态的形式，向多维的时空心态方面探索。

雕塑是造型艺术的一种。从发展上看，雕塑可分为传统雕塑和现代雕塑。传统雕塑是用传统材料塑造的可视、可触、静态的三维艺术形式；现代雕塑则用新型材料，利用声、光、电等制作的反传统的四维、五维雕塑、声光雕塑，软雕塑、动态雕塑等。雕塑按其功能，大致还可分为纪念性雕塑、主题性雕塑、装饰性雕塑、功能性雕塑以及陈列性雕塑五种。雕塑按照材料分类可分为泥雕、石雕、根雕、玻璃钢雕塑或者陶瓷雕塑等多种类型。

现代雕塑是为美化城市或用于纪念意义而雕刻塑造，具有一定寓意、象征或象形的观赏物和纪念物。随着现代文明的进步，城市建设的进程也日趋现代化。伴随着日新月异的城市建设，大

量的城市雕塑也出现在我们的生活中。根据雕塑在城市和文明建设进程中的应用，现代城市雕塑大致可以分为以下四类：

①景观园林雕塑。这种雕塑大部分以室外雕塑的形式分布于各风景区和园林景区，与所处的环境融为一体，兼具美化环境和传承文化的作用。

②城市主题雕塑。这种雕塑大部分分布于城市的主要标志性建筑、街道、商业区。主要起展示城市历史文化和现代文明的作用。

③校园雕塑。这种雕塑以室内和室外雕塑的形式存在于校园内，一般蕴含着一定的鼓舞、纪念意义，能够与校园文化和历史融合，对师生起一种感召、倡议的作用。

④工程雕塑。这种雕塑大部分以室外雕塑的形式存在于各类重要工程附近，起纪念意义，根据特殊的工程行业还兼带一些警示的作用。

如今，各个城市、小区、花园中都有各种各样的雕塑存在，那些漂亮而优美的城市铜雕、人物雕像，都具有很高的观赏价值，对美化环境、改变城市景观起到了重要的作用。

◆李克强作品

◆李克强作品

◆樊学智作品

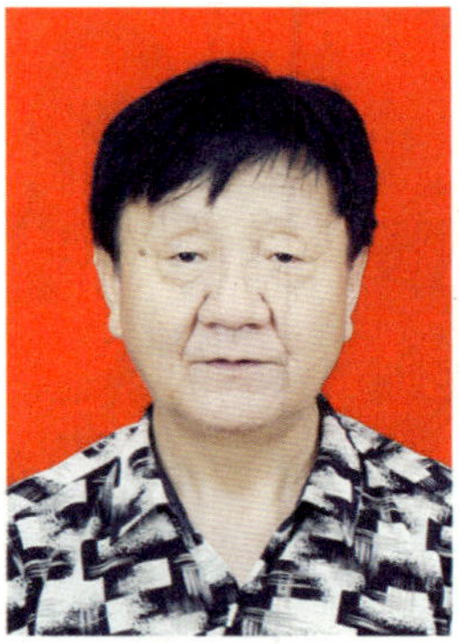

樊学智

樊学智，一九五四年生，山西省夏县西阴村人。现任夏县工艺美术家协会主席，山西省工艺美术家协会会员，夏县政协委员，运城市民间文艺家协会工艺美术专业委员会主任。

自幼酷爱美术，二十世纪七十年代涉足雕塑艺术以及民间传统手工艺制作，四十年来，绘画、雕塑、民间传统工艺事业始终是他追求的方向和目标。特别是从一九九〇年起，夏县旅游业和传统文化的大发展为他提供了施展艺术才华的机会和平台，他积极参与夏县主要旅游四大景区工程建设，承担项目工程并设计、制作、彩绘古建园林多项，总计雕塑、泥型、彩绘百十余件。其中有佛道造像、革命先烈纪念人物像等。如：为纪念大禹治涝造福于民，精心设制了一尊巨型《大禹治水》纪念像，总高十二米，大理石雕像矗立在夏县通往运城的交通路口；在红色爱国教育基地旅游夏县景区，为革命先烈纪念馆塑造了一尊一米八高的毛泽东坐像，提升和丰富了景点的文化内涵；为夏县瑶台宝塔景区设计制作了佛道造像十八尊。为夏县旅游业大发展、文化大繁荣做出了杰出贡献。

多年来，为丰富新成果、拓展新市场，他坚持不懈地努力探索和研发新内容，凭借技艺的不断积累和提高，取得了较好的社会效应和经济效益，得到了社会的认可和肯定。曾为夏县宇达集团设计制作《毛泽东》坐像、《邓小平》像等，先后被邀请赴太原及河南、安徽、内蒙古等城市旅游景区（点），参与和承揽不同类型的古建、彩绘、泥塑、园艺工程项目和任务，设计和制作了大量的艺术作品，深受社会各界的认可和好评。

◆三国人物《张飞》

◆《四大天王之——东方持国天王》

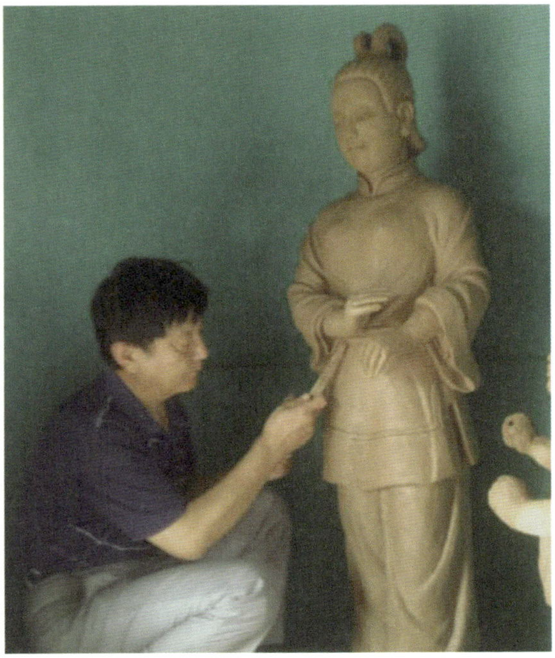

◆ 尉郭古镇系列人物雕塑《赶集》之《卤鸡》

李克强

李克强，一九八六年生，山西省夏县人。从小喜爱书画，多年来，一直坚持书法及国画的学习。二〇〇四年进入湖南科技大学雕塑专业学习，二〇〇九年毕业创作《黄永玉》留校，至今一直从事与雕塑相关的艺术工作。代表作品有《果果真甜》《切·格瓦拉》《黄永玉》《关公》等。

雕塑的魅力在于这种特殊的象征性文化艺术形态，能将主观意识与客观存在、活动与静止、理想与现实、时间与空间等对立的复杂因素协调统一为完美整体。本着对雕塑艺术的喜爱，他毕业后辗转于北京、山东等地学习雕塑艺术在生活领域中的运用，将雕塑艺术的美应用到城市文化、企业单位、校园、酒店等地产项目中。因其经验丰富、眼光独特，所做的泥塑像、石雕和铸铜雕像均放置于各旅游景点、酒店装饰和各个园林观光场所。二〇一六年，他在运城创办了野草雕塑文化有限公司，这是一家集设计、制作、安装为一体的全方位雕塑艺术公司，主要设计制作木雕、石雕、玻璃钢雕塑、铸铜锻铜雕塑、不锈钢雕塑及墙体彩绘、工艺品、佛像等，同时经营园林绿化设计，针对不同地产项目与文化，量身打造雕塑文化艺术精品。

◆ 正在制作的《艺术墙》

◆ 湖南科技大学留校作品《黄永玉》

◆ 《梅花鹿》

农民画

农民画是通俗画的一种，起源于二十世纪五十年代末。其范围包括农民自印的纸马、门画、神像以及在炕头、灶头、房屋山墙和檐角绘制的吉祥图画等乡土气息浓厚的绘画作品，它以色彩浓艳、风格奇特、手法夸张的浪漫主义艺术风格与现实主义的表现手法引起世界美术界的广泛关注，被誉为『东方的毕加索』。

我国农民画的发展可以总结为四个时期。二十世纪五十年代至六十年代是农民画创作的萌芽时期，这个时期的农民画在艺术手法上注重表现现实生活，造型大胆。创作中主要使用线描、漫画以及单线平涂等绘画方法，大多数作品没有色彩。七十年代至八十年代，进入探索和成长时期的农民画创作表现为现实主义绘画风格，艺术手法向专业化发展。八十年代初到九十年代，农民画创作进入成熟发展时期。作品倡导『回归乡土』的艺术倾向，彰显出民间美术的特征。九十年代至今，随着市场经济的推进，城镇化进程中的农民画创作进入『百花齐放』的多元化发展时期，其文化素质和审美观念也在全面提升。目前，农民画作者群体已逐渐走入社区，走向城市，农民画的功能定位已经逐渐转变为乡村、社区文化产品，审美要求也变得更加符合大众需求。

作为新中国成立以来形成的独特画种，中国农民画不仅仅是一种艺术，更是一种文化记忆，形象生动地记录着新中国成立以

来、特别是改革开放四十多年来中国社会深刻变化发展的轨迹。农民画已成为融合新时代农民情感与民间美术传统、国家时代精神与农村生活图景、农村生活理想的艺术形态和文化载体，也成为向世界展示中国民间文化和现代农村发展的重要窗口。当前，随着我国社会经济的发展和农民生活水平的不断提高，全国各地农民画发展呈现出蓬勃生机，逐渐形成了南京六合、安徽萧县、江西永丰、延安安塞、上海金山、山东青州等地的农民画乡，成为当地一张靓丽的文化名片。

运城农民画源自古老的晋南民间艺术，表现手法多与刺绣、剪纸、蓝印花布、雕塑、漆绘等民间艺术相融合，初始阶段主要出现于门画、神像以及在炕头、灶头、墙壁、柱角、穿廊等，发展到后来，在家里打制的箱柜、立柜、炕柜、高低柜、书橱、碗架子上，都要找当地的画匠，在柜上画木纹、山水、四季花、花鸟、写福字等。二十世纪六十年代至七十年代，平陆、稷山等县开设农民画作培训、创作活动。特别是一九七五年平陆县在杜马乡举办农民画培训学习班，三十余人参加培训、学习与创作活动。一九七五年，运城地区文化局将各县学员的优秀作品汇编成书，其中包括：万荣史纪昌《战斗在广阔天地里》、临猗雷崇善《多打粮食多贡献》、夏县裴学懿《根治白沙河》、平陆吴梦林《新书到山村》、绛县侯天安《俺村女子打井队》、闻喜卫东生《公社小主人》等。同年十二月，平陆张村镇大涧北村大队李记典在当时的《运城地区报》上刊登

了画作《海峡女子突击队》。至此，运城农民画的发展势头已经显现。

运城稷山、平陆等县的农民画在二十世纪六七十年代已经起步，但在八九十年代全国农民画快速发展时期却落后了。进入二十一世纪，随着各地农民书画协会（画院）成立，剪纸等传统文化的再度兴起，特别是二〇一三年运城剪纸和各地农民画公益广告作品在国家级主流媒体、网站刊载，在全国广泛张贴，部分运城农民书画家、剪纸艺术家也随之投笔农民画。目前，全国已有一百三十多个市、县有组织、有领导地形成了稳定的农民画创作机构与创作群体。在全国农民画蓬勃发展的大好形势下，山西省委宣传部、省文化旅游厅、省总工会等先后举办了多次农民画展。二〇一七年十月，山西工艺美术协会农民画艺术委员会成立，并计划成立各地、市分会。二〇一八年十月，运城市民间文艺家协会开始酝酿筹备成立运城市分会；十一月，会员刘泽民、李惠芳、刘芸三人参加了由山西省文化旅游厅组织的基层美术工作者能力提升（农民画方向）培训学习，作品在全省农民画作品展中展出，其中，李惠芳的作品《福猪》被推荐参加全国农民画作品展；十二月，运城市民协党支部组织运城的农民画爱好者，特别是夏县鲁因村「鲁因农民书画协会」会员一起在市群艺馆召开了农民画研讨会，掀开了运城农民画新的一页。二〇一九年一月，运城市民间文艺家协会农民书画艺术专业委员会正式成立。

◆《战斗在广阔天地里》 万荣 史纪昌

◆《莲菜丰收》 新绛 李怀有

◆《健康检查》 临猗 杨美钦

刘泽民

刘泽民，一九五九年生，山西省夏县人。全国公益广告百人艺术委员会委员，山西省民间文艺家协会会员，山西省工艺美术协会农民画专业艺术委员会副秘书长，运城市民间文艺家协会党支部书记，运城市民间文艺家协会农民书画专业委员会主任。

出身于农民家庭，受家庭影响，自幼对农业、农村、农民有着十分深厚的感情，对剪纸、绣花、编织、农民画等民间艺术怀有一种特殊的情感。二十世纪七十年代户县农民画刚走向全国，他第一时间就购买了农民画册进行临摹；二〇一三年后借全国公益广告百人艺术委员会多次在北京开会之机，与各地农民画专业委员进行广泛而深入的交流，并与户县农民画艺术家付蕊霞同台做了典型发言；二〇一八年十一月，参加了由省文化旅游厅组织的基层美术工作者能力提升（农民画方向）培训学习，作品《抓鸡》在省工艺美术馆举办的全省农民画作品展中展出。

二〇一九年九月二十三日至十月八日，在运城市群众艺术馆成功举办运城市首届农民画展。人民网、新华网等全国八十余家媒体予以报道。本次展览让运城农民画在全国产生了积极的影响。其参展作品《美丽乡村》在省委宣传部、省文明办组织的公益广告征集中，荣获二等奖。

◆正在创作《抓鸡》

◆《美丽乡村》

张卫斌

张卫斌，一九六〇年生，山西省夏县人。中国农民书画研究会会员，山西省农民书画研究会会员，运城市书法家协会会员，运城市民间文艺家协会农民书画专业委员会常务副主任。

自幼喜欢绘画，出过黑板报，画过墙壁画、宣传版面画等，参加工作后一直坚持书画创作，曾多次参加县、市、省直机关组织的书画展览并获奖。因从小在农村长大，对农民有着特殊的情感，抱着回报家乡父老乡亲的美好愿望，他于二〇一七年在自己的家乡——鲁因村成立了『鲁因农民书画协会』，建立了鲁因村民书画活动园地，并定期举办学习交流活动，多次邀请书画名家对农民书画爱好者进行培训。二〇一八年，为丰富鲁因村农民的文化生活，筹建了『鲁因村民书画展览馆』，自费装裱展示会员们的书画作品三百五十余幅，同时对本村的优势农产品、手工艺文化产品以及本村的历史名人、文物古迹、民间文化艺术等也进行了展示。此举引起了村、镇、县、市各级领导及有关部门的极大重视，并亲临现场参加了展览馆揭牌仪式。运城市电视台、夏县电视台、《运城日报》《山西日报》等多家媒体都作了专题采访报道。之后，为进一步壮大农民画创作队伍，他又发起成立了『裴介镇农民书画家协会』。现在共发展农民书画会员四千余名，培训十余次，并开展了书画进校园、进街巷、进农户等文化惠民活动。

现在，鲁因村被山西省农民书画研究会、运城市书法家协会命名为『书画之乡』，定为『关公书画院』创作基地、『山西省太原师范学院书法系实习基地』。

◆童趣《打鸟》

◆童趣《演罢东方朔，又捅马蜂窝》

李惠芳

李惠芳，一九六六年生，山西省运城市盐湖区人。现为北城初中教师。山西省工艺美术协会会员，运城市民间文艺家协会农民书画专业委员会副主任兼秘书长。

农民画构图大胆夸张，色彩明快，寓意深刻，洋溢着农民淳朴、善良、豪迈的情感本色，闪耀着现实的美好与理想追求的绚丽色彩。自幼对民间艺术情有独钟的她，在用剪纸传承民间艺术的同时，也喜欢上了这种梦幻般的农民画。为歌唱自己日新月异的美丽家乡，反映家乡农民丰富多彩的乡村生活，画出乡土气息浓厚，有思想、有艺术、有灵魂的农民画作品，她多次向老艺人虚心请教，体验生活，经过不断努力、反复修改，终于创作出了《福猪》《跳绳》《凤还巢》等展现农村新风尚，并带有明显地方特色的农民画作品。

二〇一八年十一月，她参加了由山西省文化旅游厅组织的基层美术工作者能力提升（农民画方向）培训学习，创作的农民画《福猪》《跳绳》等作品在省工艺美术馆举办的全省农民画作品展中展出，其中《福猪》在展览上获得好评，并被选中参加全国农民画展。

◆正在创作《福猪》

◆《凤还巢》

民间艺术活动

民间艺术从广义上说，是劳动者为满足自己的生活和审美需求而创造的艺术，包括：民间工艺美术、民间音乐、民间舞蹈和戏曲等多种艺术形式，像皮影、剪纸、编织、绣花、狮子舞等，都是很著名的民间艺术，也是中华文化的瑰宝；从狭义上说，民间艺术指的是民间造型艺术，包括：民间美术和工艺美术各种表现形式。按照材质分类，有纸、布、竹、木、石、皮革、金属、面、泥、陶瓷、草柳、棕藤、漆等不同材料制成的各类民间手工艺品。按照制作技艺的不同，又可以将民间艺术分为剪刻类、塑作类、织绣类（包括印染类）、编织类、绘画类、雕镌类、扎糊类、表演类、装饰陈设类等。这些民间艺术与各种民俗活动密切相关，带有浓郁的地方特色和民族风格。

中国民间艺术是我国艺术宝库中最朴实动人的一部分。它来源于日常生活，具有热烈蓬勃的生命力；同时也是时代和文化的反映，与劳动人民的信仰、风俗、传说有着深厚的渊源。中国民间美术界在总结民间艺术的代表门类和代表人物时，有「剪纸王」「泥人张」「毛猴孙」「面人汤」中国四大民间艺术的说法，但普遍认可的说法是「中国十大民间艺术」，它们分别是：①琴棋书画；②戏曲；③皮影戏；④剪纸；⑤泥塑艺

术；⑥编织工艺（中国结）；⑦木偶；⑧杂技；⑨风筝；⑩舞龙舞狮。

运城古称「河东」，历史悠久，文化积淀深厚，素有「五千年文明看运城」的说法。《女娲补天》《黄帝战蚩尤》《舜耕历山》《禹凿龙门》《嫘祖养蚕》《后稷稼穑》等传说均发生在这里，为华夏文化的发源地之一，蕴含着五千年文明的历史文化，如：根祖文化、盐文化、后土文化、德孝文化、关公文化等，是中华民族优秀传统文化的重要组成部分。

运城五千年文明，给我们留下了丰富的非物质文化遗产和优秀的传统民间艺术。多年来，运城市民间文艺家协会致力于组织、规划、实施全市民间文艺的各项活动，全方位地推动运城市民间文艺事业的繁荣和发展。在各项民间文艺活动中，出现了许多优秀的民间文艺活动组织者和大型文化节庆活动策划、承办等民间艺术活动组织人才，其中，具有一定代表性的人物有：裴栋梁、尚兆明、支建康等。

裴栋梁

裴栋梁，一九七二年生，山西省运城市盐湖区人。山西雅昱轩文化艺术有限公司总经理，运城市民间文艺家协会副秘书长，是运城市民间文艺家协会开展各种民间文艺活动的主要组织者。

二〇一五年九月，在运城市第二十六届关公文化旅游节、星河旅游美食文化节活动中，参与组织策划运城市民间文艺家协会各专业委员会承办的『河东民俗文化展』。二〇一六年正月，组织剪纸艺术家们为慈善世家李家大院文化长廊制作百余幅『河东年俗善文化』剪纸作品。二〇一七年一月，在关王庙春秋楼成功举办运城市首届『迎新春河东民俗文化展』；三月一日，与市书协、市民协策划承办了运城市妇联『巾帼秀家风』主题文化展；三月二十六日承办运城第二届『花之海·俏运城』美丽乡村游『河东巧姐』手工精品展；五月五日，在关王庙春秋楼举办五月端午香包展；六月四日至五日，积极组织参与了山西运城非物质文化遗产暨文化旅游艺术走进清华、北航等名校展演；六月六日，在全国妇联来运城调研中，组织『河东巧姐』手工精品现场展演，得到大家的一致好评。二〇一八年九月，在盐湖会堂召开的运城市旅游发展大会上，组织了河东文化旅游产品展。二〇一九年元旦，在关王庙春秋楼，成功举办运城市第三届『迎新春河东民俗文化展』。

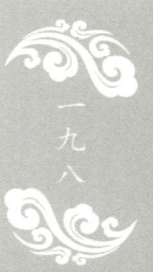

◆二〇一七迎新春河东民俗文化展开幕式

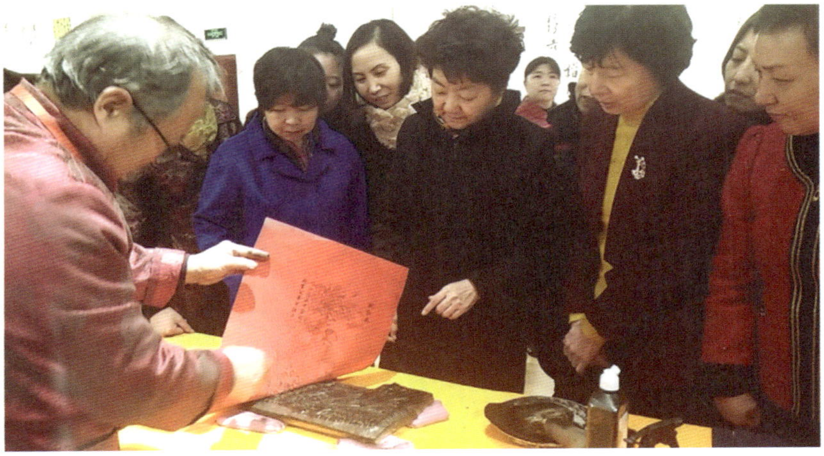

◆各位领导莅临『巾帼秀家风』主题文化展现场

◆二〇一九迎新春河东民俗文化展上文联、民协领导与参展者亲切交谈

支建康

支建康，一九六四年生，山西省闻喜县人。中国工艺美术协会会员，山西省美术协会会员，闻喜花馍非物质文化遗产传承人。现任闻喜县文化馆馆长。

自幼喜爱民间艺术，一九八九年学校毕业后跟村里的花馍老艺人学习花馍制作技艺。在长达二十六年的实践中，他立足传统，融古贯今，使闻喜花馍无论制作技艺还是精神内涵都得到了进一步的充实和完善。代表作有《龙凤呈祥》《二龙戏珠》《龙腾盛世》等。

自二〇〇六年以来，他为把闻喜花馍成功申报为省级非物质文化遗产做了大量的工作。二〇〇八年闻喜花馍成功申报为国家级非物质文化遗产；二〇一〇年参展上海世博会，并多次参加深圳文博会；二〇一二年成功组织「中国·闻喜花馍文化节」；二〇一三年两度带着「闻喜花馍」走出国门，分别参加文化部在蒙古乌兰巴托交流中心和山西省贸促会在美国夏威夷举办的「非遗」展览。现已将闻喜花馍打造成闻喜县对外宣传的一张亮丽的名片。经过三年的精心改编，成功把闻喜北垣传统民间社火节目《马拉鼓车》搬上舞台，展现了民间社火表演《马拉鼓车》的热闹场面与非凡气势。《闻喜马拉鼓车闹红火》首次亮相便获得运城地区首届文化菊花奖民间艺术大赛的最高奖项。二〇一二年五月，又获全国第十六届群星奖山西赛区金奖。二〇一三年十月，在第十届中国艺术节上，该节目荣获「群星奖」音乐门类第一名，并参加由文化部主办的「大地情深」——「群星奖」获奖作品全国巡演北京行闭幕式演出。二〇一四年元月，参加了全国农民春节联欢会。特别是《马拉鼓车》在国家大剧院、人民大会堂演出后，极大地提高了闻喜文化的知名度和影响力。

◆二〇一三年带着《闻喜花馍》参加美国夏威夷举办的“非遗”展览

◆《马拉鼓车》在国家大剧院演出

尚兆明

尚兆明，一九六六年生，山西省永济市人。中国民主建国会会员，运城市政协常委，运城市影视文化产业协会副会长，运城市健康时尚广告有限公司总经理，运城市民间文艺家协会河东节庆婚俗专业委员会主任。

从二〇一〇年起，他成功承办了上百场特色文化婚礼，并连续十年策划和承办「山西·永济普救寺爱情文化节」活动。二〇一五年，主编的《河东婚俗文化》一书由山西人民出版社正式出版。该书的出版，一定程度上填补了「非遗」在婚俗方面的空白。二〇一六年春节，成功策划实施李家大院年俗文化游园会，此次活动重现了传统年俗文化符号——春联、窗花、春条、大红灯笼、木版年画、社火表演等，囊括了万荣抬阁、花鼓、笑话和华阴老腔四项国家级「非遗」项目及万荣面塑、软锤锣鼓、面人、锣鼓杂耍、临猗眉户、河东道情等省级「非遗」项目，复原和再现了晋南清末民初过大年的习俗，为传统民间艺术搭建了展示平台。二〇一七年春节，在永济市鹳雀楼景区成功举办了「山西·永济鹳雀楼古中国社火节」。二〇一八年十月，策划、承办了山西（芮城）永乐宫第九届书画艺术节，受到了社会各界的广泛好评。二〇一九年七月，成功策划、承办了山西（夏县）卫夫人书法艺术节，为充分展示运城五千年文明，增强夏县文化穿透力和影响力，全力助推县域经济社会发展做出了贡献。近年来，在多个大型节庆及民俗活动中，组织带动了河东优秀民间艺术的发展与传承，助推传统文化，彰显当代价值，引起百家主流媒体的高度关注，在国内产生了积极反响，被誉为「河东优秀传统文化的接力者」。

◆自二〇一二年起，在『爱情圣地』普救寺每年举办爱情文化节

◆二〇一六年春节，成功策划实施李家大院年俗文化游园会

◆二〇一九年七月，成功策划、承办山西（夏县）卫夫人书法艺术节

图书在版编目（CIP）数据

河东民间艺术家 / 李淑君主编. —太原：山西人民出版社，2020.3

ISBN 978-7-203-11092-7

Ⅰ. ①河… Ⅱ. ①李… Ⅲ. ①民间艺术－艺术家－生平事迹－运城 Ⅳ. ①K825.7

中国版本图书馆CIP数据核字（2019）第278789号

河东民间艺术家

主　　编　李淑君
责任编辑　刘小玲
复　　审　武　静
终　　审　张文颖
装帧设计　陈　婷

出 版 者　山西出版传媒集团 · 山西人民出版社
地　　址　太原市建设南路21号
邮　　编　030012
发行营销　0351—4922220　4955996　4956039
　　　　　4922127（传真）
天猫官网　https://sxrmcbs.tmall.com
电　　话　0351—4922159
E—mail　sxskcb@163.com　发行部
　　　　　sxskcb@126.com　总编室
网　　址　www.sxskcb.com

经 销 者　山西出版传媒集团 · 山西人民出版社
承 印 厂　山西精睿印务股份有限公司

开　　本　889mm×1194mm　1/16
印　　张　14.5
字　　数　200千字
印　　数　1—1500册
版　　次　2020年3月　第1版
印　　次　2020年3月　第1次印刷
书　　号　ISBN 978-7-203-11092-7
定　　价　86.00元